刘峙 ◎ 著

在小红书，用文案捧红你自己

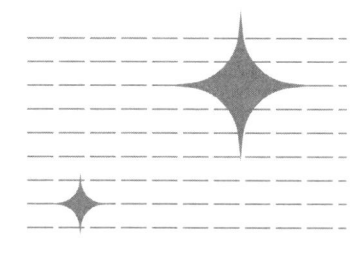

中国人民大学出版社
· 北京 ·

图书在版编目（CIP）数据

在小红书，用文案捧红你自己 / 刘峙著. -- 北京：中国人民大学出版社，2025.1. -- ISBN 978-7-300-33305-2

Ⅰ.F713.365.2

中国国家版本馆 CIP 数据核字第 2024KG4628 号

在小红书，用文案捧红你自己
刘　峙　著
Zai Xiaohongshu，Yong Wen'an Penghong Ni Ziji

出版发行	中国人民大学出版社			
社　　址	北京中关村大街 31 号	邮政编码	100080	
电　　话	010-62511242（总编室）	010-62511770（质管部）		
	010-82501766（邮购部）	010-62514148（门市部）		
	010-62515195（发行公司）	010-62515275（盗版举报）		
网　　址	http://www.crup.com.cn			
经　　销	新华书店			
印　　刷	天津中印联印务有限公司			
开　　本	890 mm×1240 mm　1/32	版　次	2025 年 1 月第 1 版	
印　　张	7 插页 1	印　次	2025 年 1 月第 1 次印刷	
字　　数	134 000	定　价	79.00 元	

版权所有　　侵权必究　　印装差错　　负责调换

序言

好的小红书文案,必带"销售"属性

我和80%的小红书博主不一样,我对爆文没有那么迷恋。

或者这么说,在我的小红书文案创作观念里,有的选题从"动机"诞生开始就自带"爆款基因",而有的选题,注定自带"非爆款基因"。

带"爆款基因"的选题,我不一定会做,带"非爆款基因"的选题,我不一定不做。做与不做,只取决于一点——这个选题可不可以将我"销售"出去。

如果答案是"可以",哪怕笔记发布出去之后的点赞、收藏、评论数据加一起,仅仅是100~200个,我也会做,因为这意味着至少5 000+的精准用户覆盖。如果我们的小红书账号定位足够精准,变现路径足够清晰,花1~3个小时创作一篇文章,可以有效触达5 000+人,是很值得的,转化也是有保障的。

如果答案是"不可以",哪怕是别人已经反复用数据验证过的爆款选题,我也绝不会做。理由很简单:数据再好,若和我、和我的变现路径无关,便不值得我浪费时间。

好的小红书文案,必带"销售"属性:

它可以"销售"我们正能量的性格,以抚慰读者易丧易颓又易碎的灵魂;

它可以"销售"我们强于别人的专业技能,为各领域内的从业者答疑解惑;

它可以"销售"我们领先别人的认知,以拓宽读者的认知边界;

它可以"销售"我们别具一格的审美,以提升或颠覆读者的审美观;

它可以"销售"我们被别人艳羡的身份和经历,让读者去见识不一样的人生;

它可以"销售"我们的收入方式,让读者复制我们的收入结构;

它可以"销售"我们的……

一言以蔽之,我的小红书文案创作理念里,有一个别人看不见但我心知肚明的半径,跳出以上这些"可以",便是不可以。

在过去的 4 年里,我做过 5 个账号,共计 50 万+粉丝,并且每个账号都保持着多元的、稳中有升的变现。

除此以外，我还影响了 3 000＋学员，带领他们在运营小红书的过程中拿到了结果。年收入过 300 万元的有一个，过 100 万元的有 4 个；月收入过万的，有 500 多个；能通过做小红书的收入覆盖车贷、房贷或日常支出的，在 1 000 人以上。

当然，和那些动辄年变现过千万元的大博主比起来，我的粉丝量和收入实在算不上什么，但是能做到这样，月收入稳定在 3 万～5 万元，几乎和工作时的收入持平，我没有理由不知足。

况且，小红书的收入还有很恐怖的叠加效应——在不断输出的过程中，我们的能力还保持着高速成长，而认知和能力上的提升，都会借由精准的文案转变成实实在在的收入。

所以，想要把小红书运营好，想要通过文案去涨粉、变现，我们必须做到的事是：不断重新认识自己。把自己每个阶段的优势全部摆在明面上，让自己既是"销售员"又是"产品"，然后用心打磨好的文案去"卖"自己——循环"卖"，反复"卖"，变着花样"卖"。

当你明确知道你的哪篇文章是在"卖"你的什么，读者为什么买单，"卖"出去这些对你的账号涨粉、变现有什么帮助时，你就离把自己捧红不远了。

而一旦你把自己捧红了，月收入是 1 万元、3 万元、5 万元还是更多，你完全可以掌握主动权，而不是像在职场里，只能被动等着上司给自己加薪。

毕竟，小红书的变现形式那么多元：直播带货，可以；开店，可以；接广告，可以；做课，可以；做私域流量，可以。

这5种变现形式，你只要掌握其中2种，就比给别人打工、拿固定工资强。

如果你既不知道如何重新认识小红书，又不知道如何重新认识自己，更不知道如何"销售"自己，先别焦虑，这本书正是教你这些的。无论你是"卖"自己，还是卖自己的产品，相信看完本书之后——哪怕不看完，只要在看的过程中边学边做，你也会有超出预期的收获。

这份收获，会成为未来的你和过去的你中间那一条泾渭分明的楚河汉界——过去，你觉得自己是一个无足轻重的小兵；过了河，你便是可以冲锋陷阵的"大车"。

自2005年发表第一篇文章起，我就告诉自己："你不能在往后的岁月里甘心做'棋盘'上存在感最低的小兵，别让年老的自己瞧不起以前年轻的自己。"所以，在这之后的20年里，我从未远离写作，哪怕有很长一段时间过得很拮据，也错过了几次出书的机会，但每每想起前面那句话，我就又充满斗志。直到我遇见小红书，我抓住了机会，并且在做小红书的过程中拿到了还不错的结果。

以小红书为"棋盘"，我自己下了几盘漂亮的棋，打了翻身仗，帮助自己彻底完成了从打工人到自媒体人的转变，而这一切，只是因为我擅长写文案，并且喜欢探索和总结文案的各种写法。

本书致力于帮你把自己捧红——不保证大红大紫，但是做个小而美、定位精准、变现清晰、月入1万~3万元的小红书账号，还是很有希望的——因为我的这套小红书文案创作理论已经被自己用1 000多篇小红书文案、2 000多万阅读量、50多万粉丝验证过。

它捧红了我，希望它同样可以捧红你。

2024年10月

青岛

目录

第1章
小红书平台解构：理解力决定竞争力

002/ 1. 博主要跟小红书对位，而不是错位

009/ 2. 做小红书的过程，就是选秀的过程

017/ 3. 图文博主和视频博主，各有优劣势

023/ 4. 巧用小红书规则，让自己层层晋级

028/ 5. 粉丝多少和变现，没有必然的联系

034/ 6. 小红书博主必备的硬实力和软实力

第2章
小红书账号定位：选择力决定影响力

041/ 1. 不够了解自己的人，做不了自媒体

047/ 2. 账号定位的五条隐线，条条是金线

058/ 3. 定位的两种形式：敞口型和收口型

063/ 4. 账号定位的作用,是确认内容半径

070/ 5. 账号定位差异化,助力你更快起势

075/ 6. 定位叠加效应,可让变现轻松翻倍

081

第3章
小红书文案创作:写作力决定变现力

082/ 1. 小红书文案,惯用的5种万能结构

089/ 2. 所有爆款文案的大前提:顺势而为

094/ 3. 如何通过文案给读者下阅读指令

100/ 4. 流量分为无效流量、低效流量、高效流量

104/ 5. 文案只有两种:"翻唱"或原创

111/ 6. 学会用文笔给文案做"精装修"

118

第4章
文案灵感来源:敏感力决定创作力

119/ 1. 人们愿意在哪里花时间,灵感就在哪里

124/ 2. 把歌词对自己的影响转化成笔记

130/ 3. 向爆款选题借力,灵感可随时提取

134/ 4. 学会利用你听到、看到的关键信息

140/ 5. 让思维杂交,更能摸到创作的本质

145/ 6. 边读书边思考:做选题最快的方式

152

第 5 章
金句打磨技巧：总结力决定传播力

153/ 1. 好的金句，为什么能一句顶一万句

159/ 2. 金句的三大作用及具体诞生过程

165/ 3. 文字在读者心里的分量，有轻有重

170/ 4. 拥有这些素质的人，自带金句体质

175/ 5. 金句对于作者的成全，比金子还重

182/ 6. 创造金句最快的方式：仿写和改写

188

第 6 章
账号类型剖析：策略力决定成长力

189/ 1. 个人成长型账号：重塑你的能量圈

194/ 2. 母婴育儿型账号：三观的对错碰撞

199/ 3. 个人生活分享型账号：装扮生活观

203/ 4. 知识付费型账号：你的价值即价格

208/ 5. 带货型账号：只需要两种情绪驱动

第1章 小红书平台解构

理解力决定竞争力

1. 博主要跟小红书对位，而不是错位

要想在小红书拿到大结果，必须先深入了解小红书。小红书自 2014 年上线以来，共有 5 个 slogan。它的每个 slogan 都是它在各个阶段的市场定位。

第一个阶段：2014—2015 年——找到国外的好东西

第二个阶段：2015—2016 年——全世界的好东西

第三个阶段：2016—2019 年——全世界的好生活

第四个阶段：2019—2023 年——标记我的生活

第五个阶段：2023 年至今——你的生活指南

在前两个阶段，小红书和我们普通人的关系不大。之于它，我们的身份更多是购买者和局外人。在这个阶段，小红书就是一个纯电商平台。

进入第三个阶段后，小红书成了电商社交平台。可别小瞧这个定位的转变和独特性，这个定位，京东、淘宝、抖音、拼多多等电商平台都拼了命地想复制，投了很多人，砸了很多钱，却总是雷声小，雨点也小。很多内容创作者也是在这个阶段成了小红书内容的深度参与者，借着小红书的独特定位和强势崛起，吃到了第一波流量红利。

到了第四个阶段，虽然"万物皆可种草"的属性已经成功

植入小红书用户的心智，但在我看来，这个阶段的 slogan "标记我的生活"后面，还应该有后半句："链接你的生活"。

很多博主在这个阶段之所以没有做好小红书，恰恰是因为没有悟出这后半句，从而导致他们把小红书账号运营成了朋友圈，过度专注"标记我的生活"，忽略了"链接你的生活"。

缺少利他思维的后果就是，内容不和读者"发生关系"。

你的内容和读者没关系，读者就没有理由花时间看你的笔记，小红书平台更没理由把流量向你倾斜。

这个集体造成的运营乱象，体现了很多博主对小红书调性的理解不到位，也暴露了小红书 slogan 的不够精准。但是，这依然阻挡不了很多博主脱颖而出，因为他们足够聪明——他们可以通过小红书官方喜欢给予流量甚至大流量扶持的作品去判断小红书的喜好，以及小红书希望为自己打造什么样的市场定位。

于是，在那个阶段经常刷小红书的读者肯定会有一个疑问：为什么很多笔记从封面、版式到内容结构都高度相似？

就是因为：有人在创新，有人在模仿。

他们以这种"共生模式"共同撑起了小红书的内容繁荣期。

综上所述，一个博主和另一个博主最大的区别，是对平台的理解，理解的深浅会催生出或对位或错位的运营观和写作观。

我们做小红书，所有的动作都是基于运营观和写作观这两个观念。这两个观念和小红书对位了，就容易拿到大结果。那些拿不到结果的，不一定是能力不行，很可能只是他们的运营观、写作观和小红书的品牌定位错位了。道理就是这么简单，但知道和做到之间，还差着实践的距离。

我入局小红书，是在2019年下半年，正是小红书的第四个阶段。一开始时也很不顺利，因为我根本不愿意花时间去研究小红书区别于其他平台的调性。我有我自己当时无法自抑的自负——我觉得，我写作整整20年，在报纸、杂志、公众号上发表了600万字，在小红书上写东西，那不是妥妥的降维打击吗？

我用22篇笔记，将近5万字，粉碎了自己的自负。这22篇笔记，除了我自己的点赞和收藏，没有其他人捧场。真的不夸张，一个都没有。

这个时候的我，和小红书就是错位的。

于是我越努力越迷茫，越写越焦虑。很多人，尤其是做过小红书，努力了一段时间并没有起号成功的，看到这里应该会很有代入感。

大多数人的做法可能是，我搞不懂，我就放弃了；我不玩了，反正我还有本职工作；小红书做不成也不影响我什么，反正我也饿不死。

但我不行，我是裸辞做自媒体的，这件事必须成，我不想再回职场了。为了断掉自己再回职场的退路，我退掉了北京的房子，搬回了老家，正儿八经地租了一个工作室。

废了5万字之后，有很长一段时间，大概三四个月，我每天只看，不写，每天花大量时间去研究我想做的领域的其他博主的笔记：

明明内容很相似，凭什么他们的数据那么好，我的无人问津？

凭什么他们文字功底不如我，起号却那么顺利？

凭什么别人发3～5篇笔记，数据就会有起色，而我的账号却像一潭死水？

....

如果当时的我走入"自己比别人强，自己被区别对待了"的死胡同，我肯定就在小红书里迷失了，也就没有后来的故事了。还好，我没有。我及时把脑子里的一个个"凭什么"变成了一个个"哦，原来是因为这个"。

这是心境的转变，更是认知的转变。

完不成这个转念，你的前后左右就是又高又厚的墙；完成了这个转念，这些墙，不管之前多高多厚多结实，都会瞬间坍塌，散落成一地的砖。

我们可以被一堵堵墙困住，但不会被一块块砖困住。

在我把同领域博主的封面格式、文案风格、语言节奏、运营技巧、关键词布局、变现模式等研究透，总结了一套起号方法论，又悟出了"标记我的生活"后面应该有后半句"链接你的生活"之后，我犹如被打通了任督二脉。

我摒弃了自己之前的写作方式，又写了一篇新笔记，文案更简单、凝练，封面用的也是被很多博主验证过的容易出爆文的版式。

发布之后看着点赞、收藏、关注和评论的数据不断跳动，我感觉我终于找到了流量密码——这篇笔记最后的点赞和收藏量是 5 000＋，涨粉量是 1 000＋。

接下来的两个月，我固定风格，稳定输出，很快就把账号做到了拥有 10 000 粉丝。

那个阶段是小红书的野蛮成长期，只要文案创作思路对，很容易就能获得亮眼的笔记数据。比如，我做后来的 4 个账号时，前 10 篇笔记中有 3～5 篇的点赞在 5 000～10 000，点赞和收藏均 10 万＋的爆款也出过 3～5 篇。

能迅速厘清每个账号的定位并找到它们的变现方式固然重要，但比这两点更重要的是：我在运营这 5 个账号的过程中，拥有了独立思考出来的、和小红书平台对位的、经过数据反复验证的且可以被复制的运营观和写作观。

作为博主，作为内容创作者，我们必须非常清楚，而且要时刻谨记：小红书之所以能从众多自媒体平台中杀出一条血路，正是因为它"万物皆可种草"的属性。

这个定位属性,在互联网市场里是独一份的,是不可复制的。所以,小红书才有机会成长为新一代年轻人的"百度",尤其是对于消费力比较强的 20~40 岁的年轻女性来说。

这一部分人群,占产品使用人数的 90%。她们想买什么,有什么生活中的疑惑,大多会去小红书上搜索。从商业上来说,这种行为惯性很难被培养,但一旦被培养起来,就会产生信任依赖,这正是小红书值钱且市值能一再飙升的原因所在,也是很多品牌方愿意在这里花真金白银请博主推广产品的原因——因为它能在很大程度上影响用户的消费决策。

认识到这些以后,我们作为博主所做的一切动作,就是要在小红书主要受众的兴趣范围内,持续为小红书平台输出优质内容。小红书作为自媒体平台,是需要和其他平台"拔河"的。博主的内容越给力,小红书才能越好地存活下来。小红书活得越好,博主们的前景也才能越好。

其实,这就是"员工心态"和"老板心态"的问题。

如果你只有"员工心态",抱着薅平台流量的想法,内心觉得"小红书好与不好和我有什么关系",那么爆款笔记就真的和你没什么关系了。即便偶尔有点数据,也是运气使然。数据不稳定,流量不持续,账号就很难健康发展。

事实上,我最初写废掉的那 5 万字,就是出于这样的原因才没有获得平台的流量扶持：我是在100％"卖"自己，营销味太重。

但是用"老板心态"做小红书，结果就完全不一样了。你脑子里"置顶"的观念永远是：我的内容只有真正做到利他（小红书平台、读者），才能顺其自然地利己。由此，你的笔记便会被小红书的审核人员从众多笔记中毫无疑问地打捞出来，并且给予你一轮又一轮的流量助推。这也是我后面能被平台的大流量反复选中的原因——我的内容从100％卖自己，变成了80％的内容利他、20％的内容卖自己，或者100％利他。

"员工心态"型博主，是任何一个平台都比较讨厌且不会花大力气、大流量去捧的，因为这样的博主太自私，只想着自己，不够忠诚，不是长久的命运共同体。"老板心态"型博主，却是任何一个平台都比较喜欢、会重点关注且给予大流量扶持的"战友"，他们会与平台一荣俱荣。

这也正是有的博主能在小红书拿到大结果，月入1万～3万元、5万～10万元甚至更多，而有的博主却连每月稳定赚1 000元都很难的原因。

能力当然是造成差距的原因之一，但更重要的是，出发点不一样会导致心态、行为也完全不一样，因此结果相差几倍、几十倍甚至几百倍也一点不令人奇怪。

"若博主和小红书对位，大家就一起上位；若博主和小红书错位，那么不好意思，你就只能给对位的博主让位了。"你如果是小红书平台的审核人员，相信你也会把机会给予和平台对位的博主，而非错位的博主。这个逻辑很好理解，对吗？

2. 做小红书的过程，就是选秀的过程

我很喜欢看选秀节目，市面上的选秀节目，我几乎一个不落地看完了。

选秀是一个很神奇的过程，每个节目总有一些素人，可以在两三个月的时间内极速成名，就此改命；而原本已经小有名气的明星，可以因为亮眼的表现而变得更加有名。

跳出小红书看小红书（在后面，这句话我会经常重复，以免大家在做小红书的过程中陷入思维窄巷），其实做账号的过程也是一场"选秀"：一场规则不那么透明，看谁能最先摸透规则并利用规则将自己捧红的"选秀"。

接受了这种设定，我们再回过头来想一想：你关注的那些粉丝很多、笔记数据很好、广告接到手软的博主，真的个个都是人中龙凤吗？不见得。

有太多博主很普通，普通到没什么能拿得出手的技能，长相也并不出众，更没什么优渥的家境和过硬的学历，那么他们到底火在哪里呢？

有可能火在"他在北上广深租了一间简陋的、只有10平方米的出租屋";有可能火在"他养的或萌或蠢或丑到爆的猫狗";有可能火在"他十分讨喜,也极具辨识度的性格";有可能火在"他不同于其他人的消费观";有可能火在"她或苗条或丰腴的身材";有可能火在"他独特的育儿观/婚姻观/职场观/生活观";有可能火在"他通过写作、做自媒体获得了让很多人羡慕的收入"……

总之,当小红书迈入"你的生活指南"时代后,你的内容只要能做到覆盖一小撮对你的内容感兴趣的精准人群,你就很有可能从千万博主中脱颖而出。

像前面提到的使他们"火的原因",便是他们的定位。围绕这个定位,他们可以输出成百上千个作品。

这就好像一个歌手参加歌唱比赛,他要先明确自己是以摇滚、民谣、嘻哈歌手的身份,还是以流行歌手的身份参赛一样。

身份不一样,需要准备的歌单也不一样;身份不一样,大众对他们的评判标准就不一样;身份不一样,吸引的受众也就不一样。

我们针对定位准备得越充分,做账号时就越能得心应手;准备得不充分,就会时不时陷入选题荒、数据荒的困境,最后只能叹一声"唉,我注定吃不了这碗饭",然后放弃。

以"北上广深10平方米的出租屋"这样的账号定位为例,

如果我们想尽快通过"海选",应该用什么样的内容为自己积累最初的人气,以保证我们接下来的层层晋级呢?提出这个问题时,我的脑子里瞬间就冒出了以下这些问题:

(1) 起号拍什么?

(2) 后续拍什么?

(3) 谁会喜欢看这类内容?

(4) 他们为什么喜欢看?

(5) 账号变现形式是什么?

(6) 什么样的广告有合作的可能性?

(7) 这种账号可以做多久?

(8) 这种账号的变现天花板有多高?

以上8个问题,有可能当你看到其中的一些时,就会瞬间在脑子里浮现相应的选题,这证明你有一定的选题敏感度和运营天赋;而有些问题甚至我提的所有问题,你压根没想过,或者即使我提出来,你也想不到答案,那么这就说明你在运营方面还是一个小白。

无论你属于以上两种情况中的哪一种,都没关系。让我们一一拆解它们,把一个个问题变成可具体执行、可高效涨粉、可持续变现的选题。

一个小红书账号,最重要的是定位,定位定输赢;其次是粉丝画像;至于变现形式、文案方向、封面版式、更新频率,都可以在它们的基础上去推演。

"北上广深10平方米的出租屋"是账号定位，但这只是表象定位。表象定位不决定变现多少，"表象定位＋博主身份"才能决定账号变现多少。

博主的身份如果是家装设计师，他/她便可以通过这个出租屋呈现自己的设计理念，这个屋子就可以成为体现其专业能力的样板间。"如何利用色彩""如何利用空间""如何利用光线"，都可以成为他/她能做但其他身份做不了的选题。

博主的身份如果是出版社编辑，他/她便可以把出租屋布置得充满书香气。编辑推荐书籍，读者会有天然的信任感。如果他/她做写作提升的课或者读书营，通过空间氛围营造和专业内容输出，再加上"身份＋专业能力"的信任叠加，就很容易做出高数据的笔记，让自己的账号成为高变现的账号。

在了解了这些前提后，我们来制定以"家装设计师"为博主身份、以"北上广深10平方米的出租屋"为账号定位的晋级规则。

我们只需要做一个动作：在小红书的搜索栏里搜索"家装设计师 小户型"，再在所有笔记里选择"最热"的分类，便会跳出很多家装博主做过的、数据很好的笔记。

你不需要花大量时间去平台的万千账号中寻找对标账号。这一个动作，便可以将你的账号要做的内容方向分门别类，梳理得清清楚楚。

通过搜索，我们可以看到以下爆款笔记：

@花娜酱《神仙小户型收纳装修｜被室内设计师问爆》点赞11万，收藏11万，评论1 226

@设计师阿蓝《小卧室，从此告别榻榻米》点赞11万，收藏13万，评论734

@cherry小圆圆哟《邻居说，我好像有装房子的超能力》点赞8.5万，收藏7.3万，评论2 124

@就叫玉仔《抄作业成功，恭喜我住进了dream house》点赞7.5万，收藏6.1万，评论2 529

@小杏娃《26岁全款买的30平公寓，邀请你来我家云做客》点赞3.2万，收藏1.5万，评论1 292

....

只要我们愿意花时间找，这样具有参考价值的笔记还有很多。我们想在短时间内从小白迅速成长为内行人，就必须花这个笨功夫，最好整理出至少100个爆款选题，并且把它们分类做成表格，作为我们最初的选题灵感来源库。

但是，现在我们不需要做这件事。以上5篇爆款笔记足以让我们倒推出前文8个问题的最优解，并且弄清楚"家装设计师"身份的博主如何以"北上广深10平方米的出租屋"为定位，把一个账号从0到1做起来。

博主@花娜酱 和@设计师阿蓝的笔记，为我们解决的是问题1、2、3、4。

住在小户型里，不管是租的还是买的，痛点都是相同的。

如何解决收纳问题？如何让睡觉不憋屈？如何让居住环境舒适、不将就？这些都是漂泊在外、无亲无故、赚得不多、只能蜗居在一个小房子里的人最为关注的问题。

曾经租住在这种房子里的人会看，那是他们的过往；现在就在北上广深漂着、居住环境也是如此的人会看，那是他们的现在；即将去北上广深打拼的人也会看，那是他们的将来。这三类人代表了过去、现在和将来的经历。尽管文案的大体走向相似，但是针对不同的人群，情绪共鸣点还是要各有侧重的。

他们做过的这两个痛点型选题，我们可以继续做。因为这样的选题依然会有很大的阅读群体，就好像写爱情的歌曲那么多，但新的情歌还是可能受到喜爱一样。但是，只重复别人做过的还不够，我们还应该被它启发——还有什么更好的表达方式吗？还有比它更痛的痛点吗？

只有这样，我们才能从拙劣的模仿者变成脱颖而出的领跑者，完成从"抄袭"到"超越"的转变。

思考过后，我们可以得出这些选题：

（1）10平方米的小户型，装出了一种睡在子宫里的踏实感（情绪运营）

（2）让空间翻倍的5个技巧，10～50平方米的房子都适用（空间运营）

（3）小户型软装｜不能乱买和不能不买的物品合集（好物分享）

一般情况下，在外漂泊的人都缺少一种东西——归属感。长时间租住在小房间里，人的漂泊感就会被无限放大，尤其是在失意时，他们会从"偶尔觉得孤单"发展到"经常感叹孤单"：为什么这个城市这么大，自己却犹如生活在大海上的一叶扁舟？

我北漂过整整10年，切实了解这种感受。"睡在子宫里的踏实感"是可以抚慰这部分人的不安情绪的。我那时候租住的房子也很小，但我尽力把它布置得温馨，只有这样才能让我忘记房子是租来的，让我不常常感到自己是无依无靠、漂泊异乡的。

这样的选题能够准确地抓住漂泊之人的情绪。尤其是对于现在正处于这种居住环境里的人来说，他们看到这个题目，就会被牢牢吸引，继而对号入座，成为我们的情绪、命运共同体。选题能牵动读者的情绪，让他们跟着我们的节奏走，就相当于给读者下了"阅读指令"。

其他两个选题同理，在这里就不一一展开解读了。大家可以参照上面的解读方式，自己去拆解一下：它们为什么好，为什么对读者来说也有下"阅读指令"的作用。

像这样的选题内容，只要你理解了它们是怎么来的，自己想个百八十个并不难。

接下来，我们来解决问题5、6、7、8。

"10平方米的出租屋",虽然从空间上来说确实不大,但这样定位的账号却有很多元的变现方式。接广告,可以;做知识付费,可以;直播带货,同样可以。

什么样的广告方会喜欢这类账号?这取决于你的生活态度。如果你是享受并热爱生活,秉持着"房子是租来的,但生活不是"的生活观生活,愿意把房子布置得温馨、美好,那么像电动牙刷、书桌、台灯、地毯、智能电饭煲、微波炉、厨具、投影仪、扫地机器人等产品广告方都会来找你,前提是你能做出稳定的数据。

这类账号的成长性和内容包容性都很强,承载500~1 000篇笔记没问题。如果你一周更新3篇,一年就是144篇,有3~7年的做号空间,足够你把账号做到30万~100万粉丝。

这类账号接广告的收费,大概是账号粉丝数的5%~10%,也就是1万~10万元/篇;一般到了30万~100万的粉丝体量,每个月可以接到100条左右的广告邀约。哪怕你再优中选优,每月接10~20条也不成问题。

这样的一个小红书账号,月收入是多少?你大可以自己动手算算。

选秀明星们通过一次选秀,可以获得知名度、代言、不菲的收入,我们做小红书博主同样可以。虽然论名气和知名度,我们远不如明星,代言费也比他们少很多,但是比我们辛苦打工的收入高出 5~20 倍不成问题。

我们在做小红书的过程中，如果能让这样的收入稳中有升，绝对算得上是彻底翻身，实现阶段性的财务自由了。

3. 图文博主和视频博主，各有优劣势

我做小红书 5 年，在不下 100 篇干货笔记下面，都会有读者问这个问题：做小红书，是图文赛道更有前途，还是视频赛道更有前途？

在我看来，这是很基础的问题，基础到就像 1+1=2 一样简单。但在很多小白看来，这是天大的难题，导致他们不知道到底是向左走，还是向右走。

在我看来，无论是图文还是视频，它们都不能被称为赛道，它们只是内容的两种不同呈现形式。而决定一个账号涨不涨粉、变不变现的关键并不在这里。

涨粉和变现，只有一个决定因素：你的内容，读者到底感不感兴趣。

如果读者感兴趣，他们才不会在乎你究竟是采用图文形式还是视频形式。

至于很多小红书干货博主所说的"如今是短视频时代，所

以，视频能获得平台更多的流量扶持"其实并不准确。如果你的内容读者并不感兴趣，难道平台会因为你的作品采用的是视频形式而给你的账号大流量吗？显然不会。同样的道理，如果你的内容特别受欢迎，平台也不会因为你的作品采用的是图文形式而给你的账号限流。

但是，图文博主和视频博主各有自己的优劣势，这倒是真的。

图文，从本质上来说属于慢阅读，所以它的优势是内容可长可短——它既可以让博主更有逻辑、更深度地表达自己的观点，借助图贴、版式、Excel、PPT等形式多变的工具输出内容，也可以配合简洁却精准有力的文案，搭配着3~9张图片来呈现内容。

如果你是文采飞扬、逻辑思维很强的博主，大可以就一个选题写2 000~4 000字的文案，只要把排版做得很漂亮、内容对读者有用，读者是会认真阅读的；如果你不想写大段大段的文字，只希望通过200~500字来搞定一篇文案，也没问题，读者也可以接受。

图文对于文案的包容性，上限可以很高，下限也可以很低，能写的和不是那么能写的博主都有相同的机会。

图文的劣势是它需要你的图片和文案严丝合缝地配合，最好是有相互效应。如果文案和图片的主题及气质是剥离的、毫不相干的，那么就算你的文案再好，也会因为图片拖后腿而导致你的笔记最终被淹没在海量的笔记中。

读者在首页刷笔记，第一眼吸引他们的永远是封面。这种"第一眼效应"我们绕不过去，所以在这里，我要引出一个你可能没听说过的概念——视觉运营。

如果作品封面能够第一眼锁定读者的注意力，你的笔记就有机会被他们点开，也才有机会获得他们的点赞、收藏、评论、转化、关注等；如果封面不能一眼锁定读者的注意力，那么你的作品就只能被他们轻轻划过去。

我在做账号之初，写文案可能只需要1~2个小时，做封面却要用1~3个小时。在我看来，这个时间是必须花费的，因为我们要在花费这个时间的过程中，无限接近读者的视觉喜好。

但是，好的封面标准太多了，不同领域又有不同的评判标准。在这里，我能告诉你的是：去找你所在赛道的那些优质博主，选取他们数据前10的笔记，看看哪几种封面版式比较容易有好的数据；然后去练习，向他们靠近，先练到和他们相似，把号做起来了再去尝试原创版式。

千万不要一上来就研究一种别人都没用过的、属于自己原创的封面版式，这种未经验证的版式不一定能如你所愿，迅速收获大的流量。

所以，不要在这个地方耽误太多时间，记住这6个字——**先从众，再出众**。

图文博主还有一个劣势，即不利于做大 IP，因为大 IP 都离不开一个重要因素：人。

相比图文来说，视频更能动态地展现一个人的综合魅力——你说话的音色，你的笑容，你的肢体语言，你的性格，甚至你的口头禅……这些都有可能成为你的加分项。而这些，都是很难通过图文呈现的。这也是很多大博主都是视频博主的原因之一。

和图文比起来，视频的包容性更强，你可以轻易做到根据产品的特性，更加有针对性地对它进行 360 度介绍。这也是在相同的定位、相同的粉丝数、差不多的笔记阅读量下，视频博主比图文博主报价高（高 20%～30%）的原因。

但也正因为视频有着图文不具备的呈现博主综合魅力的特点，才导致很多人做不了视频。因为一面对镜头，很多人就会止不住地心想：我这个语气对吗？我的笑容会不会很不自然？我的手势是不是太影响观看了？我的口头禅是不是太多了？我的衣服是不是不大好看？

杂念一多，NG 的次数就多了；NG 的次数多了，录制的时间和难度就随之增加了。

我不是没有尝试过从图文转视频。在我做了几条后，一算时间产出比，所用时间甚至比我做图文还长，还不如专注于做图文。

说完了视频的优势，我们再来聊一聊它的劣势——视频除了很难承载很长、很有深度的文案之外，还很难长时间锁定读者的注意力。

相对于图文来说，视频内容的信息太丰富了，读者很有可能因为视频背景里的某个东西、你的发型、你脸上的痣、你的牙齿、你的穿着而走神。这也是很多博主都把视频做成2～3分钟的原因，因为如果视频太长，观众看不完，就会影响完播率，完播率低就又会影响作品的后续推流，让自己陷入"吃力不讨好"的困境。

讲了这么多，最后我想说：

如果你是性格偏内向、有镜头恐惧的，那么图文肯定是你的首选。哪怕你的文案功底一般，你也必须克服，因为如果你不能接受出镜，文案功底还不行，就基本跟做小红书无缘了。

但也有一种特殊情况：虽然你性格内向、有镜头恐惧，但你选择的细分领域就是视频内容更能出成绩，接广告也是视频的价格更高，那么你可以选择用VLOG的形式，用镜头记录自己的动态。比如：正在切菜、做饭的你，正在打扫卫生的你，正在看书的你……以远景的形式，以背影或侧影或特写的机位拍摄画面，你的镜头恐惧感就会大大降低，再搭配上你的文案，也不会有文案和视频剥离的感觉。

如果还是觉得不行,那么你可以做那种大头贴特效,把自己的头部用一个卡通头像替换掉(这个教程在小红书、抖音都可以轻易搜索到,不难操作),或者把头部卡掉,只录脖子以下(确实也有很多博主是这么做的,只要文案写得好,也能收获不少粉丝)。

如果你没有镜头恐惧,面对镜头就像面对朋友一样,可以做到侃侃而谈,那么建议你首选视频。因为我们每剪辑出一个视频都很不容易,你可以分发在微博、抖音、微信视频号、B站各平台上,让你的影响力全面开花。能全网布局、全网吸粉就能获得更大的影响力,就不必把精力都放在小红书上。

我有一个做小红书的朋友就是这样操作的,小红书做到了3.5万粉丝,微信视频号1.2万,抖音8 000,B站4.1万,多一个平台有粉丝就多一份收入,我们也没多费什么力气,何乐而不为呢?

甚至你可以在同一个账号里,图文和视频穿插着做,因为确实有的选题天生就适合以视频形式呈现,而有的更适合以图文形式呈现。

总之,无论你怎么选择,都要记住:别让选择图文形式还是视频形式困住你的可能性,只要坚持做下去,都有美好的未来。

4. 巧用小红书规则，让自己层层晋级

我喜欢看足球比赛，我看足球比赛的时候很喜欢一类球员：有解读赛况能力的。

当比赛陷入僵局时，他们只需要在场上踢几分钟，便会敏锐地感知到，对方球队的什么位置防守比较薄弱，于是就会号召队员朝着那个地方猛攻，不久便会取得领先优势；他们会根据裁判对犯规判罚的尺度来决定用什么样的尺度去拼杀，虽然也会犯规，但不会领到红黄牌；他们会根据对方一些球员的特色，或选择针对性限制，或选择诱导性犯规……

足球解说员对一个有解读赛况能力的球员的评价是：会用脑子踢球。

同样，做小红书厉害的人，也都善于"用脑"——他们能够感知到80%的博主感知不到的规则，并且合理利用。所以，他们的涨粉和收入都跑在了大部分博主的前面。他们懂得用小犯规去试探小红书的"红线"，触碰到以后果断踩刹车；他们会在账号流量面临下滑时做"绑架小红书审核人员"的内容，让他们不得不为自己开"流量绿灯"……

如何才能做到像他们一样，懂得发现和利用规则呢？

首先，我们来聊聊不容易被感知到的规则：敏感词。

在所有自媒体平台里，小红书的敏感词算是最多的。即使是经验丰富的博主，也可能因为笔记里有一个自己不知道的敏感词而导致笔记被限流。大家都是摸着石头过河的。

下面，我根据我的经验给大家总结一些敏感词并分类归纳，但远非穷尽，其余的还要靠大家在做小红书的过程中自行摸索：

夸张类表达

非此莫属、无人能及、绝无仅有、不可复制、千金难求、世所罕见、史无前例、万人疯抢、全民抢购、亏本甩卖、再不抢就没了、错过后悔一辈子等等。

缺乏依据的排名

第一、中国第一、全网第一、销量第一、排名第一、唯一、一流、仅此一次、第一品牌、NO.1、TOP 1、独一无二、全国第一、最后一波等等。

欺诈 & 引诱点击

点击领奖、恭喜获奖、全民免单、点击有惊喜、点击获取、点击转发、点击试穿、领取奖品、关注我有福利等等。

过于绝对的用语

特效、全效、强效、速效、神效、超强、最、第一、特级、顶级、极致、最新发明、无副作用等等。

除了这些，还有一些涉嫌私域导流的敏感词，比如微信、联系方式、邮箱、QQ、手机号、抖音、微博、快手、公众号、辅导班、学习、训练营、写作班、跟我学、学员等等。

如果要进行全方位总结，恐怕10 000字都打不住，但由于篇幅有限，我不可能把这些敏感词全部罗列出来。所以，大家需要做的是，以后在看其他博主的笔记时，尤其是那些相对成熟的博主的关键用词时，总结一个适合自己的"敏感词词库"，别让自己用心创作的笔记，因为一两个敏感词而被平台审核人员打进"冷宫"。

比如，看到有的博主在提到"微博"时用"围脖"，提到公众号时用"公主号"代替，你就要多加留心了，那不是错别字，而是不得已而为之，只是为了绕过平台的限流。

其次，我们来聊聊个人简介里的用词权限。

现在的小红书，比以前审核得更严格一些。以前，一个新账号注册之初，就可以在简介处留邮箱（因为这是小红书博主和广告方的主要联系方式）。现在，有的账号可以，有的账号不可以。这就是我前面所说的小红书规则的不透明之处，也没有什么明确的标准。什么样的账号可以，什么样的不可以，只能靠我们自己反复尝试。

如果你的账号试了一两次，在简介处留邮箱都被系统删除，那么就别跟它较劲了，换个时间再试，说不定就又可以了。

还有的人想在个人简介处留自己的公众号用于导流。小红书对于在简介处留公众号的字眼审查是很严格的，有时候"公主号"都不可以，这个时候就要发挥你的想象力了："公主号"不行就试试"拱猪号"、"共筑号"或者其他谐音词。

小红书在这一块也不是绝对的严格，也会有通情达理的一面。比如当我的粉丝突破了 5 万后，还有一些粉丝达 5 万～20 万的博主朋友，简介里直接写了"公众号"，也没有被平台提醒违规。

所以，无论是在小红书外，还是在小红书内，"让自己强大起来"都是很有必要的。你强大了，你就有话语权。一般的小博主是绝对不可以在个人简介处留微信号或手机号的，但我就见过一个粉丝达 30 万的博主，直接把微信号和手机号留在了简介里。

公平吗？不公平。但没办法，这就是现实。当你只有几千粉丝时，对小红书来说，你就是个影响力微乎其微的小透明博主，是你需要小红书；当你有了几万、几十万粉丝时，对小红书来说，你就是个有影响力的大博主，是小红书需要你。

最后，我们来聊聊面对账号流量下滑时，如何做"绑架小红书审核人员"的内容，让他们不得不为我们开"流量绿灯"。

我有一个朋友，2023 年底之前的两个月，无论发什么内容的笔记，点赞＋收藏的数据都在 10 以内，而在此之前，她的笔记点赞至少都在几百。很显然，这就是账号被平台限流了。

2024 年，小红书赞助了央视的春节联欢晚会，我这个朋友很聪明，做了一个选题：《看到小红书出现在春晚，我妈终于相信我的正经副业了》。

这篇笔记很快就爆了，点赞 10 000＋，收藏 8 000＋，评论 200＋，涨粉 5 000＋。她的这篇笔记，让她后面发的几篇笔记，取得了和之前的笔记相比高很多的数据。

这就是懂得用脑子玩小红书的博主。小红书平台砸了几亿元来赞助央视的春节联欢晚会，当然希望更多人知道。在那个关键的时间节点，有越多的博主帮他们把这个行为扩散出去，对平台的发展就会越好。所以，只要能做这个动作，他们才不管你之前是不是被限流，都会统一给你流量。这不仅是在推博主的笔记，更是在推小红书本身。

说到这里，就不得不 call back 一下咱们在前面讲的"老板型博主"。如果你懂得把自己的命运和平台的命运捆绑在一起，把自己当成小红书的"命运共同体"，那么小红书的审核人员自然会为你开"流量绿灯"。

除了这种关键时刻，小红书推出的各种活动，你都要积极参加、积极推广。哪怕你的账号曾经有过小小的违规，小红书审核人员也会通情达理地对待你，而不是不近人情地一棍子"把你打死"。

规则，从制定出来的那一刻起，就是用来限制人的。

但是，如果我们足够聪明，足够机智，也可以利用它，让它成为限制别人但是"保送"我们层层晋级的"快车道"。

做小红书是有捷径可循的，捷径就是我们对规则的理解与运用。

5. 粉丝多少和变现，没有必然的联系

问大家一个问题：你觉得一个拥有20万粉丝的小红书账号，每月的最高变现是多少？

可能会有人回答2万元、3万元、5万元甚至10万元、30万元、50万元。这些答案确实都有可能。但大家肯定想不到它的真实答案——每月500元，而且还不稳定，大多数时候比这更低。

为什么？仅仅因为他选择的赛道是读书博主吗？也不是，虽然读书博主不算是个赚钱的赛道，但我也有做读书博主的朋友，粉丝只有6 000+，每月却可以稳定变现2万～3万元。

那么问题到底出在哪里呢？问题在于，他的定位只有表象定位，而博主身份是缺失的。这个问题咱们前面讲过，表象定位不决定账号变现多少，表象定位＋博主身份才能决定账号变

现多少。

他的每篇笔记都是拍 9 张美美的图书照片：一个图书封面作为笔记封面，其余都是内页展示，优美的句子画条波浪线以突出重点。文案部分，也仅仅是摘抄书中一些精彩的句子。

这样的账号涨粉快吗？快；数据好吗？好；变现力强吗？不强。

因为这个账号丝毫体现不出这个博主的存在感。读者关注这个账号，并不是因为被博主的哪种能力或哪种魅力吸引，只是被他推荐的那些书所吸引。他的身份，是完全隐蔽的。尽管有广告商找他，但也仅限于出版社找他推书，而推书的费用几乎是小红书的所有赛道中最低的。

这个读书博主并非普通人——他和我的一位编辑朋友合作过很多次，是一位出过十几本畅销书的知名作家。

他做小红书，纯属是误打误撞，一开始只是把自己的书发上来宣传宣传，数据还不错，便开始分享自己看过的书。可以说，这 20 万粉丝，主要是凭运气做出来的。

小红书平台上多的是这样荒诞的事情——有的博主吭哧吭哧坚持日更，做梦都梦见自己的笔记爆了，粉丝破 1 万、3 万、5 万了，醒来一看账号，还是零星几个赞，几个涨粉；有的博主凭着感觉做，每篇笔记的数据都还不错，涨粉也猛，却不懂得如何变现。

这位知名作家的案例并非个例。我还认识一位美食博主，她凭着感觉和热爱，在一年内把自己的账号做到了拥有 8 万粉丝，但就是没有广告商找她，一个都没有。

她快坚持不下去时突然刷到了我的笔记，在看了我的很多篇笔记之后，给我发了一个私信："您好，我看了您的很多笔记，觉得您的小红书运营观和其他博主很不一样，您能抽空帮我解决一个卡点问题吗？"

在建立了联系之后，她把她的困惑告诉我，我随手翻了翻她的笔记，找到了问题所在。

我说："你的这个问题很好解决，一句话的事：镜头抬高半米。"

她不理解，回了我 3 个问号："？？？"

我说："你方便的话，我们语音。"

导致她的账号不能变现的问题，其实很简单，就是不懂"空间运营"。

她做饭的水平还不错，拍照的水平也不错，起码她的成品看上去秀色可餐，要不然也不可能有那么好的数据和那么多的粉丝。

但她的摄影手法犯了一个致命的错误，把镜头压得很低，怼着菜品拍，每张照片都是这样。这样做虽然会放大她的菜品的吸引力，但同时也等于完全放弃了美食赛道的笔记应该有的广告位。

· 第 1 章　小红书平台解构：理解力决定竞争力 ·

镜头抬高半米——如果拍摄场景是在餐桌上，则可以给类似牛奶、饮料、酒水等产品留有充足的广告位；如果拍摄场景是在厨房的吧台，则可以给类似烧水壶、电饭煲、微波炉、烤箱等产品留有充足的广告位；如果把做饭的过程也拍出来，同样抬高半米，案板、刀具、碗具的广告位也出来了。

负责广告投放的人，不会花时间去教博主怎么拍才能植入他们的广告，他们宁可花那个时间去找更适合的、没有沟通成本的、成熟的博主合作。

跟她聊了这些后，她说："好妙啊，原来还有这么多学问。"之后，她便按照我说的做了内容形式的改变，才发了两篇笔记就收到了 3 个合作邀约。

她说："神了，刘老师，效果立竿见影，我觉得自己又可以了。"

我问："想不想接点高客单价的广告？"

她说："当然。"

我给了她三个和幼儿辅食相关的选题，并告诉她选题执行时的注意事项。我说："先别问为什么，你照着做就行。"

第一篇笔记发出后，数据相当不错，点赞和收藏加起来有 10 000＋。她向我报喜，我说："去看看你的信箱有没有合作邀约。"

不到半分钟，她回："刘老师，信箱爆了，有 13 个合作邀约。这是为什么呀？"

我说："好的选题都应该有它专门的受众，而不是针对所有人。这就好像电影院上映的电影都有一个明确的类型，比如悬疑、武侠、谍战、奇幻、科幻、爱情……导演不需要考虑所有人的喜好，只把自己想吸引的那拨人的喜好研究清楚就够了。让你做这样的选题，是让你重新调整自己的粉丝画像。以前你的内容是针对所有爱做饭的人的，比较宽泛。现在，只针对宝妈群体，这个群体给孩子做辅食最讲究（尤其是对第一个宝宝），也最复杂，需要很多工具，而辅食工具的产品在小红书上是很舍得花钱投放的。"

她说："真的，刘老师，运营和写作一样，是需要长期学习的事情。这里面的道道太多了，每领悟一个，都可以让自己的发展更上一层楼。真的很高兴能认识您！"

聊完美食博主，我们再说回知名作家的事。

从理论上来说，他手握一个粉丝20万的账号，是可以做到月入至少5万~10万元的。他只需要做一下内容调整，让自己的身份更凸显，在推荐书的时候多做一些类似的选题——"那些很厉害的作家，都把比喻句用得很绝""每天用这3种方式练笔，让我出了10本畅销书""出第一本书之前，你必须要知道的事"，如此等等。

从语法剖析、日常练笔、出书经验方面写笔记，这样再吸引来的粉丝，便都是奔着他这个人的。哪怕在选题中他再提到别人的书，那本书也是配角，抢不走他主角的光芒。

出过十几本书，这是一个很硬的身份背书。他做读书营，会有人跟随；他做写作课，会有人跟随。读书营定价 365 元/年，持续输出笔记，粉丝 20 万，一年建立 5 个 500 人的微信群，并不是什么难事，这就是 912 500 元；写作课，按照比较低的价格算，499 元/月，2 月/期，6 期/年，从 20 万粉丝中筛选出 1 200 人，问题不大，每个人学一个月的话，这又是 598 800 元。

光这两项粗算下来，所创造的收入就是 150 万元左右。更何况，写作课还可能做到 799 元/月、999 元/月、1 999 元/季、4 999 元/年。

不要觉得这样算起来很夸张，这个博主可是出过十几本书的成熟写手，并且有 2 万对阅读和写作感兴趣的精准粉丝。做不到年入 100 万元，就算是很不合格的自媒体人。

我前面说过的那个粉丝 6 000＋、每月稳定变现 2 万～3 万元的读书博主，只是把她在很多育儿公众号发的文章集结起来出了一本育儿书，又对这些文章做了一些拆解，做成了写作干货的笔记，讲选题来源、案例匹配、金句打磨、投稿技巧等等，就支撑着她把自己的育儿稿写作课做了起来。

除了这三个案例外，还有一个更极端的案例——我一个做家装设计师的朋友，在只有 600 粉丝时，就可以做到月变现 50

多万元，因为她的内容策划足够精准，只触达宁波本地的潜在客户。她的这个赛道客单价又高，每月做10篇笔记，每篇笔记转化5～10个客户咨询，从50～100人中去筛选3～5个成交，每月几十万元收入妥妥的。

所以，想要在小红书上拿到大结果，对于小红书的理解很重要。你的理解力比一般人强，你的竞争力就大于他们；你的理解力比一般人差，你的竞争力就弱于他们。

你对小红书的理解力，就是你在小红书的竞争力。

6. 小红书博主必备的硬实力和软实力

我有一个特别的喜好，那就是喜欢追踪那些刚刚起号成功的博主。

这类博主通常发了10～20篇笔记，有1 000～5 000粉丝。我把他们的账号转到自己的微信上，每隔一段时间就去看看他们的发展情况。

他们之中只有大概5%后来突破了10 000粉丝，向着更高的目标奔去；其余的95%要么数据越做越差，要么干脆停更了。

问题出在哪里？出在硬实力和软实力的缺失上。

所谓硬实力，就是指我们无论做什么赛道都离不开的那些能力，比如选题能力、文案能力、作图能力、视频剪辑能力、数据分析能力、洽谈合作能力、广告植入能力等等。

选题能力，特别考验一个博主的眼力、脑力——选题能力强的博主，总能敏感地捕捉到别人看不到的信息，再经过脑力加工，形成适合自己定位的选题；选题能力弱的博主，只能模仿别人的选题，自己并不具备独立策划选题的能力。让他们自己做选题，等待他们的只有停更。

我写到这里时，湖南卫视的《歌手 2024》刚刚播完第一期，由于国内的歌手在跟国外歌手的对战中实力悬殊，被虐得很惨，引爆了互联网的热搜——这里面有什么价值点可以用来做选题吗？

选题能力弱的博主看不到这些价值点，他们只会和普通人一样从娱乐角度看节目，比如："五旬老太守国门""上一个五十岁出征的还是穆桂英""歌手有难八方来援"……这些角度，对于一个做运营的人来说毫无帮助。

我想到的选题是：《歌手 2024》的幕后，藏着运营高手。

确立了选题，接下来就是考验文案能力的时候了。写什么？怎么写才能让这么大的一个爆款节目为我所用，成为展示自己能力的道具？

我想到的是从定位、卖点、讨论度、情绪共鸣、传播等方面来写。作为一档停了四年又复播的歌唱竞技类节目，如果它还是和之前一样的玩法，注定激不起水花。于是，它在"定位"上就革了之前自己的命，也革了当下同类型音综的命——选择了国内音综节目史无前例的做法：无修音，直播。

但这个"单卖点"还不足以支撑节目的火爆，于是节目组请了两个能力很强、在国际上都很能"打"的外国歌手，国内挑了一个一线歌手那英作为主力，四个三四线歌手作为陪衬，刻意制造实力上的巨大反差，以引爆观众的"民族情绪"，引导网友讨论"谁能代表内娱应战"。

一期节目就达到全民讨论的高度，而且直接拉到"民族荣誉感"上，让每个看节目的中国人都觉得这件事和自己有关，这是史无前例的。

你能说这背后没有强大的团队在运营？先出什么牌，要什么效果？后出什么牌，要什么效果？要说这背后没有运营团队，那肯定是不可能的。这种大型音综绝对不会出现"失控"，而是每一步都"可控"。

所以你看，同样是看综艺，我们除了可以从娱乐角度看，还可以从运营角度看。

从娱乐角度看，我们得不到什么成长，无非情绪被别人带着跑几轮，看它赚足了眼球，赚足了流量，又赚足了money；但是从运营角度看就不一样了，我们可以完整学习如何通过运营打造一个爆品。哪怕学不了80分，学到30~50分也足以将我们的运营观提升一大截。

说完了选题和文案，我再来考验一下大家：如果是你，为选题"《歌手2024》的幕后，藏着运营高手"做一张小红书封面，你会怎么做？

暂停往下阅读，考虑一下，不必急着给出答案。

我会这样做：把两个外国歌手做一张图，五个国内歌手做一张图，上下（国外在上，国内在下）拼接，形成上下位对立之势，中间放标题。

这样的排版，不用过多文字解释，只要稍微了解过节目的观众就能明白是在表达什么意思，这便是"信息默契"。这一点，无论是对于图文的封面来说，还是对于视频的封面来说，都同样重要。

至于视频剪辑，需要视频信息和文字信息形成互补。比如：如果你想介绍国内歌手和国外歌手气场的问题，你配的文案是"国外歌手只要站在舞台上，无论在哪里，都是她的主场"，你就要有与之相匹配的视频内容；同样，如果你想介绍国内歌手紧张、忘词、跑调，也要有与之对应的视频内容。

写文案是个精细活，剪辑也是，策划选题、作图、分析数据、商业洽谈、广告植入都是。那些对它们一知半解的人是无法合理运用它们的。对它们理解得越精细，才能把它们运用得越恰到好处，它们合在一起所迸发出的威力也就越惊人。

聊完了硬实力，我们再来说说软实力。做小红书的软实力在我看来分别是：情绪稳定、抗挫力强、成长速度快、复盘能力精准。

（1）情绪稳定。一个会因为数据起伏太大而影响情绪，进而影响创作心态的人，是做不了小红书博主的，起码是做不了大博主的。你看看那些大博主，也有点赞和收藏只有几十、几百的笔记，他们不还是照样斗志昂扬地继续创作吗？

（2）抗挫力强。一个会被读者不好的评论影响的人，也是做不了大博主的。大博主的心脏早已无坚不摧，他们深知被质疑、被攻击、被误解就是表达者的宿命，既然无法躲避，那就以平和的心态和它们相处。若实在看不惯，就删掉，眼不见为净。

（3）成长速度快。早期跟我差不多时间做小红书的很多朋友，现在或者已经开始自己做自己的小红书课，或者已经开始直播带货了。而其中大部分依旧停留在接广告的单变现模式。成长速度的快慢，除了会让他们的收入产生云泥之别外，也会让他们在小红书里有不同的地位。

（4）复盘能力精准。复盘能力，是小红书博主必备的能力，你必须一个星期、一个月、一个季度、半年、一年各复盘一次，为的是尽早发现问题，改善写作、运营方式。要不然，这个星期的错误做法没被揪出来，不进行改变，就会影响下个月、下个季度、下半年、全年的收入，这是很现实的事情。

在职场中，可能只要掌握一个技能就能获得一份还不错的工作，成长慢点也没关系，因为职场是团队合作。但是做小红书，要求我们不能只做单一型人才，你必须是复合型人才才有机会。你的硬实力要硬，你的软实力也要强。

硬实力和软实力，就像是我们的左右手，没有哪只比哪只更重要的说法，它们缺一不可。账号成长的过程，就是我们和其他博主"拔河"的过程，你千万别期望自己可以靠一只手取胜。

别有那种侥幸心理，也没有那种侥幸存在。

第2章 小红书账号定位

选择力决定影响力

· 第 2 章　小红书账号定位：选择力决定影响力 ·

1. 不够了解自己的人，做不了自媒体

对足球稍有了解的人都知道，足球比赛分主客场。

在主场比赛，运动员对场地更熟悉，有更热烈的球迷助威声，不必舟车劳顿，天时地利人和俱备，打出好成绩的概率就高很多；在客场比赛，你要前往不熟悉的场地，在不适应的气候环境中拖着疲惫的身躯，并且要承受对方球迷的助威声给你施加的压力，往往会未战先怯。

跳出小红书看小红书，每个人也有自己的"主客场"。

我在做小红书的这些年里，见过很多博主，明明 A 领域是他的"主场"，可以相对轻松地获得成绩，却偏偏把力气花在自己并不擅长也很难出成绩的"客场"上。

比如，曾经有一个大三的女生找我咨询账号定位。

按说，大学生身份就是她的"主场"，做跟大学生相关的诸如社交法则、恋爱观、英语四六级干货、时间管理、搞副业干货、认知思维等内容都可以，那是她的身份赋予她的长板。但她就一门心思想做穿搭博主，只是因为听说穿搭博主很赚钱。

我问了她几个问题："你的家境如何？""你每月的生活费有多少钱？""每一季，你有几件衣服替换？"

她的回答是:"家境一般,每月生活费1 200元,每季有3～5套衣服。"

她的回答就说明了她在这个赛道没有任何前景。

穿搭这个赛道是很赚钱,这没错,但是这个赛道也很烧钱。哪怕她现有的3～5套衣服是衣品不错的,也绝对支撑不起她做一个账号。她不可能用这3～5套衣服循环拍,即使她自己不烦,读者也会烦;更何况她的购买力还比较一般,账号的内容很难有持续性:不出10篇笔记,肯定会遇到跨不过去的内容瓶颈。

穿搭博主,若没有几十、几百套衣服,根本撑不起一个赚钱的穿搭博主账号。更何况,博主还不能只展示她在穿搭上的审美。要不要根据穿搭化个妆、做个头发?要不要搭配一些首饰?要不要搭配与服装相称的鞋子和包包?

这里面的随便一项,哪项不是靠金钱堆起来的?别说每月1 200元(还要刨除吃喝的花费),哪怕每月5 000元砸进去,有没有水花都不一定。

所以说,穿搭博主赚钱的背后,是实打实地用钱赚钱。并非我们表面看到的那样,只要长得好看、身材好,就是老天爷赏饭吃。底层逻辑没有那么简单。

但如果她选择做"大学生成长"账号,资金的问题便不再是问题,因为这类账号的底层逻辑并非用钱赚钱,而是用经验赚钱——博主可把自己或身边朋友的经历,写成对低年级大学生有指导性的笔记，从而获得涨粉和变现。

除了"大学生成长"账号，还有很多类型的账号，都是不需要很多资金就可以启动的。失败了，无非损失一些时间；但如果成功了，账号的变现力也绝对不输那些"用钱赚钱"的账号。比如：个人成长、职场干货、写作干货、运营干货、情感咨询、心理疗愈等等。

事实上，以上提到的这些类型的博主占小红书博主的80%以上。他们或者只有一个人，或者是三五个人的小团队，依托一个3万~10万粉丝的小红书账号，就可以撬动10万~500万元/年的变现。这中间的浮动空间，就是你的收入的上升空间。

可能看到这些类型，大部分人还是一脸懵，还是很不自信。

我懂你们的不自信，你们心里大概想的是："无论上面你提到的哪种类型，我都不专业呀，个人成长更是不知道该从何做起。"

之所以这么想，是因为你们对做自媒体这件事有一个很大的误解——你们总觉得，只有在某个方面很厉害的人才能输出自己的经验。这种想法真的大错特错。

我给你们5个关键词：大学、高中、初中、小学、幼儿园。

回想一下我们的求学之路：如果让你们的幼儿园老师去教小学生，他可以搞定吗？如果让你们的小学老师去教初中生，他可以搞定吗？如果让你们的初中老师去教高中生，他可以搞定吗？如果让你们的高中老师去教大学生，他可以搞定吗？

答案大概率都是否定的。

所以，我们得出的结论是什么？

对自己足够了解的人，绝对不会越级做事，他们只要做好自己能力范围内的事就够了。

老师们不会去错位求职、教学，是因为他们都清楚地知道，他们的段位和能力只够支撑他们教某个学龄段的学生。人不会永远处在儿童和少年阶段，但儿童和少年总会正态分布在幼儿园、小学、初中、高中、大学里，因此老师们不会没有生源。

把这套理论套用在你们的误解里：在职场中，你觉得自己的经验只有6分，没关系，你教不了那些7~9分的经验比较丰富的职场油条，但你可以教那些2~5分的初入职场的小白，或者即将踏入职场的准新人；你在写作和运营上并没有取得很厉害的成绩，能力大概只有5分，你教不了6~8分的相对成熟的老写手，但是能被你吸引的还有那些0~4分的人；你没有很丰富的情感经历，但是你通过看小说、看电视剧，观摩过身边人的爱情，建立了比较健康、开明且成熟的情感观，你就可以给有恋爱、婚姻困惑的人答疑解惑。

不要觉得很多选题太过小白，不值得做。你目前的能力只够做这样的选题，就说服自己，笃定地做下去，没有什么可感到丢人和不齿的。

我和女友刚开始裸辞创业时，我们各自做了一个自媒体干货账号。虽然我们都有新媒体运营相关的工作经验，但我和她的账号定位完全不同。

因为我有着20年的写作经验，选题更多的是写给那些能力值在5～9分的人看的，他们的粉丝大多在1万～10万，我的选题的目的是提升他们的思维和认知；女友的选题更多的是写给0～4分的自媒体小白看的，他们的粉丝大多在0～5 000。

初期，她做的很多选题，我都觉得没必要做，怎么会有人不知道那些呢？

她说："你别管我，你以为谁都像你一样，有丰富的写作和运营经验吗？"

我怼她："就算再不懂，也不会连这些都不知道吧？"

女友不理我，依旧坚持自己的想法。也幸好她的抗干扰能力比较强，坚持了自己的想法，才有了后面很多篇在我意料之外的大爆款。

举个例子，她做过一个选题，标题大概是这样的：《9大自媒体平台封面图尺寸，一次性给你讲清楚》。把抖音、快手、微博、小红书、公众号、B站等平台的封面尺寸罗列了一遍，然后总结出一个结论：你的封面图之所以模糊和变形，就是由尺寸不对导致的。

这个选题，是她瞒着我做的。如果做的时候被我看到，我大概率又会说："这选题也太小白了吧？这么简单的事，自己查一查不就知道了，怎么可能会有数据？"

事实证明，我错了。这个选题不但有数据，而且数据还很好，点赞＋收藏＋评论加在一起 10 000＋，涨粉也有 1 000＋。很多读者在笔记下面留言感谢她。

在此之前我曾笃定地认为，做自媒体这件事，能力值不够的没机会。是女友用事实数据改变了我的运营观：在自媒体的世界里，不是只有能力值强的人才有机会，只要你找准自己的定位和内容受众群体，人人都有机会。

以我们的能力，若暂时教不了"大学生"什么，就做"高中生"能看的；若针对"高中生"的内容做不了，就做给"初中生"看；若做"初中生"看的内容也有难度，就做"小学生"能看的；以上如果都不行，我们就做内容给"幼儿园"的学生看。

对自己足够了解的人，一定能找准自己的定位，对于做账号过程中那些不明白的事情不会任由自己就那么稀里糊涂着，会想方设法搞懂，路也会越走越宽；对自己不够了解的人，在小红书里明明也可找到一席之地，却偏偏因为认知不足，因为怯懦，把自己排除在了小红书的红利之外。

前者，用力给自己找出口；后者，用力给自己找借口。

久而久之，无论是在小红书里还是在生活里，两者也就渐渐完成了分层。前者,肯定会越过越好;而后者,连维持现状都很艰难。

小红书对博主们厚此薄彼了吗?只给能力强的人机会,让他们越来越强,而对弱者一律拒之门外?没有。小红书把机会平等地给予了每个人,只是有的人不会选,才自己把自己淘汰了。

2. 账号定位的五条隐线,条条是金线

"什么样的人,做小红书更容易出成绩?有没有什么标准?"

我做过很多次这样的选题,这个选题可以从很多维度讲,比如性格、心态、能力、身份、身材、长相、家境、学历等等。

但这一次,我只想以"赚钱"为主线来讲。

以下这 5 条隐线,如果你具备,那么你就是做小红书的天选之人。做好了,年入 30 万~50 万元不是问题,年入 100 万~300 万元也不是没有可能。

这个收入,放在职场里,是比较优秀的公司的中高层管理人员的待遇,甚至很多公司的高层都无法做到税后年入 100 万~300 万元。所以,这 5 条隐线,真的条条是金线。

第 1 条金线：你在某个细分领域里的经验，超过 80％的人

以我个人为例，我写作 20 年，在市面上的很多杂志、报纸上都发表过文章。我如果做一个写作营，教人如何快速在杂志、报纸上发表文章，完成从读者到作者的转变，会很有说服力。但是我不做，因为纸媒正在走下坡路，我很难保证他们可以靠纸媒写作的稿费养活自己。

我做图书编辑 5 年，做过改编成电视剧的小说，也做过销量上百万册的图书。我如果做个写书营，教那些想出书的人更快地获得第一份图书合同，并且有策略地在计划时间内保质保量地完成书稿，也有说服力。这是我现在没做但以后可能会涉猎的项目，因为我对出书这件事还是充满向往的。我相信，热爱写作的很多人，都有这份向往。

我给很多大品牌写过文案，诸如华为、国美、携程、自如、花呗、恒大冰泉、一汽丰田、沃尔沃等等。我也做过品牌文案课，并且帮很多学员对接了我服务过的品牌资源，他们其中的 60％都赚回了 N 倍学费。

我还做过新媒体写作课，帮 1 000＋学员成功投稿有书、读者、洞见、十点读书、读者人物、课堂内外、樊登读书、慈怀读书会、新东方家庭教育、男孩派、女儿派、亲宝宝育儿、凯叔讲故事等通常很难过稿的优质公众号。

我还做过小红书运营课，带领学员做出了 500 多篇点赞在

1万～10万的爆款笔记。这一部分成绩，前面已经讲过，这里不再赘述。

在自媒体的世界里，经验就等于钱。你的经验领先别人越多，你的变现力就越强。这在我自己身上得到了验证，在我通过小红书认识的朋友身上也得到了验证。

我有一个朋友，特别专一地在一家公司做了十年瑜伽馆全案运营，月薪不过万把块。辞职出来自己单干的第一年，收入就突破了100万元，第2年300万元。

我有一个朋友，之前是新娘跟妆师，通过小红书接单，每年全国各地飞，虽然收入也还不错，但跟这么干的疲累比起来性价比并不高。她做到2万粉丝后，开了线下化妆课，教别人如何给新娘化妆，每年开4期，每期20～30人，授课地点定在成都，不用再四处奔波，也可以做到年入百万元。

我有一个朋友，之前在世界500强企业做HR。我给他的小红书账号定位是做职场干货，以跳槽、谈涨薪咨询为主要变现方式，收费从99元/次开始，慢慢涨到了3 000元/次，每年也可以稳定收入50多万元。

像这样的朋友，我还认识很多。

他们在各自的领域本来就很优秀，通过做小红书，有效地放大了自己的优势，链接到更多的人后，再把这些优势转化为可持续增长的收入。

第 2 条金线：认真生活，并且愿意主动展示

我的一个朋友，拥有一个 120 平方米的三居室，里面住着他们一家三口。为了居住舒适，他们牺牲掉其中的一间卧室，把客厅改成了 7.5 米宽的大宽厅，并且花了大价钱装修。

单看这个大宽厅，你会以为他们住的是 200 平方米以上的大平层，并且是很高档的小区，但其实他们住的就是很普通的小区。

她就是因为总以这个大宽厅为背景去发笔记，吸引了第一批忠诚粉和广告方。

粉丝喜欢她的内容，是因为他们也想拥有这种带有大宽厅的房子，并且把它装修成这个样子，但是暂时没有，就只能看她的笔记过过眼瘾，同时也激励自己以此为目标去努力；广告方喜欢她，是因为她家的装修足够高级，并且笔记数据很稳定。找她合作的广告方几乎都是大品牌，一块地毯 7 000 元＋，一套沙发 5 万元＋，一套桌椅 10 万元＋……除此之外，各种扫地机器人、饮水机、投影仪等产品的广告更是接到手软。

当她只有 2.2 万粉丝时，广告报价就可以做到 7 000 元＋，并且每月可以稳定接到 5～10 单。你不妨算算她一个月的收入是多少，顶一个普通人几个月的工资。

在认识她之前，我听做自媒体的朋友讲过这样一个故事：

他有一个博主朋友做家装赛道,靠着装修第一套房子时接的广告买了第二套房,靠着装修第二套房子时接的广告又买了第三套房。五年间,他居住的房子从98平方米的小两居变为142平方米的大三居,又变为260平方米的大平层。

自媒体行业就是这样,你离别人的经历很远,就会觉得很夸张、很失真,但这样的经历如果被你亲自见证了,你明白了其中的赚钱逻辑,就会相信一切皆有可能。

小标题里的"认真生活",不只局限于把房子装修得漂亮、舒适。

如果你没有这样的居住条件,你展示自己好好做、也好好吃的每一顿饭,也未尝不可,这就是有那么多美食博主的原因;如果你的厨艺一般,你展示自己为了生活认真赚钱的经历也可以,这也是那么多滴滴司机、外卖员、快递员也能拥有几万、几十万粉丝,并且能靠接广告获得比工资高出几倍收入的原因;如果以上这些条件都不具备,也没关系,把"认真生活"这四个字再细细琢磨一下便会发现,布置一个呈现努力奋斗感的办公桌同样可以。

或者,你展示自己每天出门之前认真化妆、穿搭的过程,是不是也算是"认真生活,主动展示"的细分定位?这样做,你的脸、你的身体就是广告位。

每个人都有对"认真生活"的不同理解和实践方式,你需要做的就是，找到它，拍出来。不用担心没有受众，因为我们没有人能真的生活成一座孤岛，我们都是命运和情感的共同体。

第 3 条金线：下定决心改变，并且愿意晒过程

在小红书上，有一类博主特别容易快速起号，即养成系博主。

我认识一个博主，35 岁，单身，身高 162 厘米，体重 180 斤。在她最初介绍自己的视频里，她说，她想通过做自媒体改变自己，不过对于能做什么却一头雾水。她觉得自己家境一般，工作一般，收入一般，长相一般，学历一般……

最后，她用一句话总结了疑惑："像我这种什么都一般的人，做自媒体有机会吗？"

无数网友给她评论说："有机会啊，而且机会很大。"

其中最长的一条评论是这样说的："我之前关注过一个和你类似的博主，她做的是养成系博主，让粉丝给她提意见，该如何改变才能让自己蜕变。"

留言后面，网友甚至@了那个博主。

这个博主参考了被网友@的那个博主的选题，只用 6 篇笔记就得到了粉丝过万的好数据，并且接到了眼镜、洗面奶、运动服、运动鞋的广告。在后来的运营中，还有不少品牌反复找她合作。

小红书的用户对这一类博主还是很友好的，他们是真心实意地给这样的博主提意见。如果你按照他们的意见做出了改变，并且改变效果显著，他们还会特意在你之前的笔记下鼓励你继续加油，让你别放弃。

这个改变，不只局限于瘦身等形象改变。

亲子关系、夫妻关系、婆媳关系修复，可以；你买了一个老破小，想改造，不知道如何动手，向网友求助改造方案，可以；你目前在公司的待遇一般，想获得升职和涨薪的建议，也可以。

只要你想在某个方面变好，真诚地向网友求助，并且让大家见证你一小步一小步的成长或改变，网友都会帮你。这类粉丝在自媒体行业中被称为"精神股东"。

他们参与了你的"变好计划"，你就像是他们共同完成的一个"成功项目"，他们乐意像看连续剧一样关注你后面的笔记：带着成就感，带着荣誉感，带着助人为乐的自豪感。

第 4 条金线：有自己固执的小习惯，并且懂得把它放大

我的小红书账号有 5 万粉丝，其中有不少粉丝是因为我持续输出小红书运营干货而关注我的，其中不乏一些聪明至极的人，只看我的笔记，就能自己摸索着做出一个变现力还不错的账号。

小林便是其中之一。

有一次我做直播，她全程潜水观看。结束后，她给我发了一条信息："老师，说来挺惭愧的，我关注您一年多了，一直在免费看您的内容，竟然也做出了一个 2.4 万粉丝的账号。"

我夸她："那你是聪明人，一点就透。"

她回："应该算是有点小天赋，我现在每个月的变现也有将近 10 000 元。"

我看了看她的账号，就能猜测到，她这 10 000 元赚得很辛苦，便问她："你这月入过万应该挺累的吧？"

她回答："老师不愧是老师，不用我说，您就能猜到我的现状。"

从那之后，我们加了微信，但没有进一步的沟通，只是她偶尔会为我的朋友圈点赞。

几个月后的一天，小林突然给我发了一个 100 元的红包。她说："老师，我有点运营困惑想咨询一下您，不知道您有没有时间？我不白耽误您的时间，请您喝杯奶茶。"

我说："奶茶也不需要这么贵啊！"

她说："那就多喝几杯。"

运营有天赋，沟通有技巧，并且真诚、质朴、幽默，这样的孩子是我喜欢的。

这样的孩子遇到问题，向我求教，我很难拒绝。

价格，对于做知识付费的人来说固然重要，但更重要的是，别人对你价值的真诚认可。

小林有个固执的小习惯：抠门。

生活中可花可不花的钱，她一定不花。她就以自己"抠门"为定位，做了很多带粉丝薅羊毛的笔记，诸如《低工资女孩这样存钱，真的很靠谱》《毕业 5 年买了房，全靠我做过的这 7 个副业》《不用充会员，热门综艺和电视剧也可以看到爽》《戒掉这 5 个隐形支出，一年多攒下好几万》等类型的选题。

说到这些选题，你们知道为什么我看一眼她的账号就断定她的 10 000 元赚得很辛苦吗？因为她的粉丝画像，都是那些收入很低、开销能省就省的年轻人。

这类人群有一个很大的共性，就是消费不起，即使消费得起，也不会消费客单价高的产品。所以，这就注定了找小林投放广告的，都是单价低且性价比高的产品。

别的博主如果手握一个 2.4 万粉丝的账号，比如母婴博主、家装博主、减肥博主、写作博主、运营博主、摄影博主，做得好的话，赚 10 000 元可能只需要 3~5 个广告，而小林可能至少需要 10~15 个广告，甚至更多。

产品客单价低的品牌，不会拿出很多费用来投放，因为转化不成正比就很容易亏损。

我给她的账号运营建议是，可以有选择地做一些客单价高的产品选题，比如电脑、手机、iPad、相机等等。

正确的消费观，并不是所有方面都要省，该花的钱也一定要花，尤其是对于自媒体人来说，需要高频率使用的电脑、手机、iPad等。这些产品越给力，我们的工作效率越高，收入才越有可能稳中有升。自媒体人通常是一个人单打独斗，这些工具就是我们的"员工"，它们如果常常"罢工"，我们的收入就会不可避免地受到影响。

后来，她做了内容调整，数据还不错，果然也收到了电脑、台灯、投影仪和iPad的广告合作。相比过去，广告报价直接翻了好几倍。

在生活中，我们很多固执的小习惯可能不起眼，但是放在互联网上，它们就是决定我们和别人"气味相投"的那个"气味"。总有一些人，可以顺着"气味"精准找到你。

第5条金线：本来就过得不错，但却不安于现状

有一些人，骨子里就有不安于现状的基因，发现自己是在原地踏步，他们就会很难受。现在的收入是1万元，他们会向着2万元努力；现在的收入是3万元，他们会向着5万元努力。

这类人做自媒体，和那些本职收入还可以、只把自媒体当副业的人有着本质的不同。

这类人的目标驱动感更强，缺失什么能力，他们就会想方设法地果断去弥补，以尽快达到目标。而对于后者而言，那些

让他们感到稳定的本职收入是退路，自媒体做不成也没什么损失。他们不是目标驱动感比前者弱的问题，而是和前者比，他们几乎没有目标驱动感。

我当初选择裸辞的原因，就是月入 5 万元几乎已经是我在职场里的上限了，并且还要"累成狗"。工作的时长朝九晚九都不敢想，常常是朝九晚十一，甚至更晚。虽说周末有双休，但遇到热点事件，在家加班写稿是常态。

我对自己这样赚钱并不满意，于是选择了更能突破收入上限的自媒体。

综上所述，做小红书账号的定位，是真的有隐形的"金线"可寻的。

如果个人能力允许，我们可以定位到一个没有收入上限的领域，而不要定位到收入天花板显而易见的领域。

当然，如果你是那种"通过做小红书，每月可以稳定收入 5 000～10 000 元就很满足"的人，做账号的过程也不累，成就感刚刚好，既有本职收入，又有副业收入，还不影响正常生活，能达到你认为的最好的平衡状态，也可以。

生活本就是，各有各的选择，各有各的满足。你不愿意为了成为粉丝很多、变现力很厉害的大博主而牺牲娱乐和生活，那么做一个小而美的账号，未尝不是更智慧的选择。

3. 定位的两种形式：敞口型和收口型

小红书的定位方式有很多种，但据我对 10 000＋优质博主的研究总结，敞口型和收口型是被用得最多的。

包括我最初做的那个粉丝 5 万的小红书账号@刘峙 talks，一开始也是敞口型，后来才转型为收口型。

所谓敞口型定位，就是内容越做越宽。

我最初的账号定位是"个人成长"型账号，我就以这个类型为例进行分析。这类账号，书单推荐笔记，可以做；App 合集笔记，可以做；高分综艺/电影/电视剧合集笔记，可以做；职场干货笔记，可以做；社交法则笔记，可以做；个人感悟笔记，可以做。

这种类型的账号，你可以理解为是开超市的。它之所以有稳定的"客源"，是因为账号可以包罗万象，什么类型的"产品"都有，可以满足一个年龄段内大部分人的日常所需。

这类账号的优点是：接广告的可能性比较多元，不会像垂直类账号那样只局限在某一类。像我的账号——各类 App、网站和公众号推广的广告，接过；洗发水、洗面奶、沐浴露的广告，接过；运动手环的广告，接过；投影仪的广告，接过；书包的广告,接过;图书推广类广告,接过;红酒、清酒的广告,接过;心理咨询小程序的广告,接过;耳机的广告,接过;电动牙刷的广告,接过……并且,很多产品还是多次合作。

这类账号的报价,大概是粉丝数的5%~10%。如果最近5篇笔记的平均数据特别好,15%~20%也有可能。

事实上,我从账号2 000粉丝的时候,报价就是500元/次,远远高于同类型博主的报价。因为我的笔记数据特别好,点赞平均能有4 000+,而且我的账号排版比较精美,植入广告的转折比较丝滑,所以很多品牌方愿意反复买单。

有优点,自然也有缺点:这类账号的很多笔记虽然也创造数据和涨粉,但对于提高广告报价的意义并不大。

举个例子说明一下。有可能你在2万粉丝时的报价能到1 500元,但4万粉丝时可能2 500元都很难谈下来;粉丝一旦过了5万,广告合作邀约的数量更是直线下滑,因为品牌方不敢再找你,怕你的报价太高,他们给不起。

所以,这类账号最舒服的生存空间就是1万~3万粉丝,报价对于品牌方来说不高不低,他们承受起来没压力。无论笔记最终获得什么样的数据,他们都好交差。而你一单合作就可以拿到1 000~2 500元,一个月接4~10单就可以实现月入过万。

这类账号除了"广告报价不能随着粉丝数等比例上涨"这个缺点外,还有一个缺点是内容容易过散。虽然是敞口型账号,但不能无限度地扩展选题范围。你最好锁定5~8个维度，坚持输出，不能真的把账号做成"杂货铺"，否则会让读者觉得你的账号内容东一榔头西一棒槌，从而使掉粉大于涨粉。

给大家一个有效的建议：你要让你的内容产生"相互效应"。你要找到一条主线，把你的5~8个固定栏目串起来。以我的账号为例，我就是以写作和运营为主线——我推荐的书单或歌单便是以"培养语感，提升写作能力"为主；我推荐App和网站便是以"让自媒体工作高效"为主；写作干货、运营干货，是自然而然的主线内容。像我接的运动手环广告便是以"自媒体人的时间管理"为主，其中增加了一项每天必须运动，靠运动手环来监测……

账号有了主线，便向读者明确了你的第一个标签，时刻提醒别人你是干什么的。如果你有很多粉丝，但读者对你到底是干什么的一无所知，那是很失败的，也形成不了IP。

所谓收口型账号，和敞口型账号恰恰相反，它是内容越做越窄。

在账号发展期，我们为了账号能尽快涨粉，尽快提升账号权重，用5~8个维度的内容来做账号，这无可厚非。这可以让我们迅速突围，在小红书上站稳脚跟。

但如果想做到高变现，我们必须舍弃其中几项，专门做其中1~2个维度的内容。

第 2 章 小红书账号定位：选择力决定影响力

我的账号从敞口型转为收口型是被动的。在 2 万～3 万粉丝阶段，我发现很多小红书博主开始疯狂抄袭我的笔记，尤其是定位和我相同的，很多都是逮着我的整个账号抄。我做过什么选题，他们就把我的内容改 30%～50%，重新排版，就成了自己的原创笔记。很多博主因此获得了很不错的涨粉，冲破了他们账号的第一个 5 000 粉丝。

更有甚者，我发现几个抖音博主专门搬运我的笔记。我辛辛苦苦写的笔记，辛辛苦苦做的排版，他们截个图就原封不动盗了去，其中有不少笔记都获得了 1 万～10 万的点赞。

我对此除了投诉，也没别的办法。读者每在评论区@我有人盗用我的笔记一次，我就闹心一次。我又不可能每天花大量时间去专门投诉这些抄袭者，那样我就什么事都别想干了。

那时我就想，我一定要想个办法，杜绝这种现象。

办法还真被我想到了：我只保留了运营干货这一类型的笔记，其余维度的笔记我都放弃了；并且，我在做运营干货笔记时，会结合自己做过的笔记来分析运营逻辑，这样，我自己的笔记就是"产品"，我结合我的"产品"来聊，这相当于给我的笔记打上了防盗的水印，甚至是钢印。

抄袭者如果愿意继续抄，可以。如果原封不动地抄，就等于给我打广告；如果把我对个人笔记的分析换成其他内容，一是费事，二是不一定 100% 契合。

我就是通过这样的操作,提升了别人抄袭的难度,被抄袭的概率便大大降低了。

但是,另一个更大的问题摆在面前:做垂直类账号,用一种类型的内容撑起整个账号,难度系数陡然增大,常常会让我陷入选题荒,因为我不想让自己成为拾人牙慧的博主,我总希望我的干货笔记跟别人的不一样。于是,我就抓紧时间学习,让自己的思维和认知活跃起来。我以为我的创作很快会陷入低谷,但恰恰相反。

大量的阅读和思考让我的思维越来越开阔,笔记质量和课程质量一起得到了提升,竟让我的涨粉和变现越来越好。

一篇点赞1 000+的笔记,可以为我带来30~50个私域转化;几篇点赞10 000+的笔记,更是让我的变现在短短6个月内接连上涨。我的账号也在那短短的两个月里从2万粉丝涨到了5万粉丝。其中有一篇阅读30万+的笔记,直接给我带来了17 000的精准涨粉。也是这篇笔记,为我带来了预期之外的变现。

明明转型是被迫的,但竟然有了柳暗花明又一村的效应。

无论是敞口型账号还是收口型账号,都给了我很大的信心,促使我在小红书平台继续好好做下去。

敞口型账号,让我看到了即使不上班也能活下去的可能性;收口型账号,让我彻底打消了重回职场的念头。

4. 账号定位的作用，是确认内容半径

跳出小红书看小红书，你会发现，做小红书和开餐馆没什么区别。

餐馆老板在给餐馆定位是做粤菜、浙菜还是湘菜、川菜时，已经把一部分顾客排除在外了。口味重一些的，会选择川菜和湘菜；而口味偏清淡的，会选择粤菜和浙菜。不喜欢这几类菜的，就不是他的受众，大可选择别家。

做小红书也是一样，我们千万别奢望用一个账号把所有读者都覆盖。这既做不到，也不应该那么做。我们只需抓住一类读者就足够了。

做餐馆，做的是取和舍的生意；做小红书，也是这个道理。

曾有一个读者问我："刘老师，我可不可以把健身和美食放在一个账号里做？我最近在健身，我做饭也很好吃，什么糖醋排骨、椒盐里脊、辣子鸡啊，我都特别……"

我知道，她想说"我都特别擅长"，但我还是打断了她。我问她："你小学时做过一类数学题不？问你'一个池子里一个水管进水，一个水管放水，多久池子能蓄满水？'"

她回答："做过呀，怎么了？"

我说:"你这种做法,和那种数学题有什么区别?一边拼命锻炼减肥,一边又大吃大喝,把好不容易消耗的卡路里又赶紧找补回来?坚持锻炼减肥太难了,但是被美食诱惑太简单了。我怕关注你账号的粉丝,不但不会变瘦,反而会越来越胖。"

她打了一串"哈哈哈哈",然后说:"也是哦。"

这个读者的问题,不是个例,而是很多新手博主都会面临的问题:总想把自己在做的、能做的,一股脑地都放到一个账号里,却浑然不知很多内容有排斥反应。

她的账号,如果坚决做健身和美食,不是绝对地不可共存,但美食一定要有取舍,不能是和健身相排斥的,比如大鱼大肉,最好是那种能减脂的、对健身有帮助的。这样,运动可以瘦,吃也可以瘦,账号除了可以接运动类广告,还可以通过卖减脂餐的食谱来变现。

但就是这么简单的取舍问题,却可以困住很多新手博主,让他们在起号时无比费力,以至于耽误了很多时间。

所以,我一直反复强调,博主和博主最大的竞争在于运营观。

我们的运营观就相当于一条路,这条路越平坦,我们走起来就越快,甚至可以跑起来;这条路如果坑坑洼洼、泥泞不堪,我们必然会举步维艰。

那么,怎样在确定了一个账号的定位后,再相对精准地圈

·第2章 小红书账号定位：选择力决定影响力·

出它的内容半径呢？答案还是前面咱们讲到过的一个词：相互效应。

前面说过，如果做敞口型账号，一个成熟的账号最好有5～8个栏目，那么你就要想：怎样才能让这些项目产生相互效应呢？

比如，"个人生活分享"类博主算是包容性很强的定位：美妆、穿搭、美食内容，可以做；健身、读书内容，可以做；人际关系、亲子关系、夫妻关系内容，可以做；技能提升、搞副业内容，可以做……凡是在你的生活半径内的内容，都可以做。

这么多选项，这么多条路，我们该如何取舍？

答案是，选择那些我们更感兴趣、更愿意乐此不疲地输出内容的选项。因为做小红书是一个长跑行为，如果有些维度的内容你输出几篇就没有后劲了，还不如一开始就不选择它。

假设有一个这样的女孩：27岁，单身，在北京的某互联网公司工作，月入过万，朝九晚七，不会做饭，不爱健身，喜欢看书、看综艺、看电影、看电视剧，希望通过做小红书给自己打造一块"情绪自留地"，和职场做切割。

那么，对于她而言，美食内容要舍弃，健身内容要舍弃，职场内容要舍弃，人际关系内容要舍弃，亲子关系和夫妻关系内容更是要舍弃。经过一轮筛选之后，我们就会得到一个标签相对清晰的人设定位：27岁，北漂，月入过万，单身，独居。

如何让这个人设更具体清晰，则要看她的喜好和性格。

如果她比较爱打扮，上班和出门时必须把自己打扮得特别精致，那么美妆和穿搭可以保留，并且这类内容要大做特做，因为服装和化妆品在小红书上是投放大类。

如果她不太注重打扮，平时以舒适、平价的衣服及化妆品为主，这类内容也可以保留，但在账号中的权重要降低，10%～15%甚至更少，或者实在不愿意做，也可以完全舍弃。

不过此时，该账号会面临一个特别尴尬的问题：她不爱好健身，不会自己做饭，不想讲职场和人际关系的内容，对化妆和穿搭也不感兴趣，更是因为没有结婚生子而做不了亲子关系和夫妻关系的内容，她只对看书、看综艺、看电影、看电视剧感兴趣，是一个被扔到人群中就像水融于水中的普通得不能再普通的人。

怎么办？还有办法破局吗？当然有，只需要记住这两个词："唱反调"，"功能"。

所谓唱反调，举个例子，就是当同年龄段的女性博主都在做"精致生活"的选题时，你反其道而行之，就做《北漂越来越穷的原因：精致生活》。

我还给唱反调做选题的方式取了一个更长的名字："做那个不穿'校服'的人"。

· 第 2 章　小红书账号定位：选择力决定影响力 ·

当 99% 的女性博主都做同一类选题时，她们就等于都穿上了"校服"，读者是记不住谁是谁的。

对于博主来说，最重要的就是三个字：辨识度。

一旦她们都在"向左走"，口径一致地倡导年轻女孩就应该过"精致生活"，你却跳出来戳破"女孩子们之所以攒不下钱，就是因为太过于追求精致生活"的真相，你便会收获很多和你想法一致的女孩子的深度认同，也会收获一些被精致生活坑害、导致每年都攒不下钱的粉丝。选题有清晰的受众，并且有话题讨论度，笔记数据自然会好到飞起。

＋功能，主要是针对图书、综艺、电影、电视剧、App 的推荐。如果你只会傻乎乎地站在分享的角度来写文案，那么这就只是提供了娱乐功能。从娱乐功能角度写文案虽然容易创造大爆款，但 99% 都是低效或无效数据，对于人设、变现、涨粉的帮助并不大。

为了方便大家理解，这里举两个例子：

(1)《救命！我快被毛不易和李雪琴笑死了！》
(2)《跟毛不易学说话，我终于不再笨嘴拙舌了》

这两个例子，哪个是仅从娱乐功能角度写的？哪个是"＋功能"的？答案显而易见：第一个是纯娱乐功能的，第二个是"＋功能"的。

纯娱乐功能的笔记，核心内容只是表达综艺《毛血汪》真的很搞笑，以吸引跟自己有同样感受的读者。

读者的关注顺序是《毛血汪》在前，毛不易和李雪琴在前，你在读者的眼中是隐身的。说白了，他们不关注发这条内容的人是谁，是甲、乙、丙、丁都可以。

"＋功能"的笔记，是把用来消磨时间的娱乐节目转化成了可以学习沟通技巧的节目。这篇笔记以敏锐的视角，剖析总结了毛不易可复制的沟通技巧，文案的立意便从"有趣"变成了"有用"。

读者看这样的笔记，关注顺序产生了180度的变化：首先是你，然后才是毛不易。无论是综艺还是毛不易，都成了你展示自己能力的道具。

做选题的过程，是不是很神奇？

我见证过很多普通博主的崛起，他们可能不会做"唱反调"型笔记，但只用"＋功能"型笔记，就可以把一个账号做起来。

为了帮助大家对以上提到的两种方法有更深刻的理解，我再用"27岁，北漂，月入过万，单身，独居"这个人设各出5个选题，你们看一看，这两个关键词有多好用。

"唱反调"型选题：

（1）《比起走出舒适圈，我更建议你扩大舒适圈》

（2）《把用来培养男朋友的精力，用来培养自己》

（3）《我认为最高质量的社交：读书，读好书》

(4)《我努力工作，就是为了将来不工作》

(5)《不是我不合群，是群不合我》

"＋功能"型选题：

(1)《可以提升商业思维的5部电视剧，每年必看》

(2)《这7本和写作相关的书，秒杀市面上80％的写作班》

(3)《50个高质量人物访谈：学会向名人"借运"》

(4)《我的好口才，都是在这50场辩论赛里学习的》

(5)《熟练掌握这5个自媒体工具，一个人就是一个团队》

你看，账号定位明确了，内容半径有了更精准、更高效的筛选方式，做选题真的就是易如反掌的事。50个选题，可以；100个、200个，也不难。

我们用一个又一个选题去释放自己的影响力，成为高变现的IP就不再是遥不可及的事，有可能机会就藏在下一篇笔记里。就像我的那篇涨粉17 000、阅读量30万＋的笔记，写的时候没察觉到什么，只是像普通笔记一样构思、写作、排版、打磨、发布，但自它发布后，我的命运的齿轮一下就高速转动起来了。

一个小红书博主，在200篇笔记之内，有5～10篇爆款笔记，就够了。千万别要求更多。要求更多，就是难为自己，就是不尊重规律，内耗、自我怀疑也就形成了。

5.账号定位差异化，助力你更快起势

某知名主持人在为某方便面代言时曾说过这样一段话："有人模仿我的脸，有人模仿我的面，但你模仿不出我的味。"言外之意是，你模仿得再好，你也不是我，你的味道也跟我代言的方便面差很远。

这是句广告语，却也是做小红书的部分真相。

如果你是小红书的资深用户，你会发现一个现象：很多博主都高度相似。

他们或者账号面貌相似，或者简介相似，或者人设相似，或者封面版式相似，或者选题相似，或者文案相似，或者变现模式相似……

这些相似的东西看多了，读者难免会生出审美疲劳，分不清谁是谁。就好像现在选秀里的一些 idol：发型相似，长相相似，穿衣相似，甚至连说话风格都相似。

娱乐圈里有一个"消消乐"效应，指的是那些太过相似的 idol 很难有出头之日，资本方用 A 和用 B、C、D、E 都没什么区别，所以就干脆谁也不用，此类 idol 被统一消除。

在小红书里，读者和品牌方都是博主的"资本方"，读者不

会喜欢看千篇一律的内容，品牌方在决定选取哪个博主投放广告时，如果有 9 999 个博主和你相似，意味着你要和 9 999 个人去竞争，你被选择的概率就是 1/10 000。如果是和 99 999 个博主很像呢？概率就变成 1/100 000。所以，想要自己的账号脱颖而出，一定要做出差异化。没有大的差异，就先从小的差异开始。小的差异叠加起来，你也能成为比较有辨识度的博主。

在我的小红书笔记的评论里，有很多读者说很喜欢我，我也为此认真思考过，他们究竟是喜欢我的什么。总结下来，有以下三个主要原因：

（1）我的笔记版式——因为我做过杂志编辑，所以更注重封面和内文在排版上的审美价值与关键信息传递。

（2）我的选题与文案——我的选题不是那种烂大街的，常常让人眼前一亮。我写作 20 年，更知道如何把标题和内文写得有韵味和有吸引力。

（3）我的三观（金句）——我经常思考很多事情，并会凝练成金句记录下来，把它们嵌入合适的选题里，就会产生锦上添花的效果。

能做到以上三点，账号的辨识度就足以和 80% 的同类型博主拉开差距。

笔记封面和选题负责外在吸引，能保证你的笔记在首页的信息流中是足够吸睛的；内页文案（金句）负责内在吸引，给读者植入你的三观，让他们对你路转粉，粉转铁粉。

但是，需要大家注意的是：初次做小红书账号，是很难从一开始就和别人有差异化的。我也是从模仿开始的，慢慢地才形成自己的风格，而我的账号从 0 到 5.4 万粉丝，完整经历了以下 5 个阶段：

（1）摸索期——笔记形式、内容半径、人设、变现形式都是相对模糊的。

（2）发展期——慢慢形成自己的风格和固定半径的内容输出，变现形式也逐渐固定。

（3）上升期——粉丝画像更加清晰，也更清楚他们需要什么内容，能相对精准地投其所好，以换取笔记数据、变现的双线暴增。

（4）调整期——账号的涨粉和变现开始缓慢，笔记平均阅读量下滑，要分析账号的数据走势，主动求变。

（5）衰退期——这是每个自媒体人都不可避免的必经阶段，就像每个人不可避免地走向衰老。这个时候，我们需要做的就是用正常心态看待它：想在小红书平台继续玩，就重启新号；不想的话，就转战其他平台。

我的 5.4 万粉丝的账号目前正处于衰退期，是因为我生病休息了一段时间，有大概一年的时间没有更新笔记，账号的权重降到很低很低。这就好比曾经二三线的影星，息影很久再出来，很难快速恢复当初的名气。

好不容易做到 5.4 万粉丝，有不错的数据，有不错的变现，

·第2章 小红书账号定位：选择力决定影响力·

就这么被断更废掉了，可惜吗？当然可惜。心疼吗？也心疼。但是没有办法，这就是事物发展的客观规律，我们要学会坦然接受。

值得庆幸的是，我通过这个账号摸索出了一套可复制的做小红书账号的逻辑，它被笔记数据和变现模式反复验证过是可行的。我如果再做新号，还是可以在很短的时间内起势：在一年内把它做到2万～3万粉丝是没问题的，甚至可能更快。

自媒体创业的一个特点就是，账号可能会迎来它的衰退期，但自媒体人的能力是不会衰退的。

写完这本书，我会立马着手起新号，新的账号名会印在本书的作者简介处，便于大家联系我。

新的账号我会怎么定位呢？不会再像之前似的，只做小红书运营干货这一类内容。我还是会从敞口型账号入手，不过这次的变现模式可能会比较多元，侧重于读书营、出书营、写作营、小红书运营课这四个方面，对未来五年进行布局。

以此倒推，我的内容半径大概是这样的：

（1）读书笔记（30%）：侧重于那些知名度比较高的、大众读起来难度不大的图书，从立意、卖点、文笔、行文结构、人物性格、故事冲突制造等方面来分析。选择大众类图书，一方面是为了保证流量；另一方面，越是大众，你越能解读出别人看不到的东西，才越能凸显你的功力。

（2）歌词分析（10%）：针对那些比较知名的歌手的代表作，

主要从立意、文笔、修辞手法、创作者的人生观等层面解读。

（3）电影/电视剧经典情节解读笔记（10%）：从编辑和编剧角度，讲明白有些情节为什么这么设计，好处是什么，以提升读者写故事的综合能力。

（4）原创写作干货笔记（30%）：主要侧重于故事、小说、小红书文案的写作干货。

（5）原创运营干货笔记（20%）：只针对小红书运营的干货。

这么设计，有两个好处：

（1）账号内容丰富，但总体又都和写作、运营相关，在能保证流量的同时，可以更快地吸引一波对读书、写作、小红书运营感兴趣的精准粉丝。

（2）和同类型的账号有明显的差异："读书笔记""歌词分析""电影/电视剧经典情节解读笔记"是显性差异，在小红书上，能做并且把这类内容做好的博主不超过5%；"原创写作干货笔记""原创运营干货笔记"是隐性差异，从术和道两个方面与其他博主拉开差距。

自媒体，是时代赋予我们每个人的机会。只要你认为自己有才华，有韧劲，有想法，有不达目的不罢休的干劲，你就可以试一试，给自己一种可能性。

用一篇篇文案，把你的影响力激发出来，而不是让它们只停留于想象。

这世上最可惜的事,不是"来不及",而是"我原本可以,但我没做"。

在你觉得自己要起势的时候,你要开足马力、不遗余力;在你觉得自己实力还不够的时候,就蛰伏起来、积攒实力,等到机会来临时,努力抓住。

自媒体博主的差异,是在定位中产生的;人生的差异,也是如此。

6. 定位叠加效应,可让变现轻松翻倍

前几天,我和一位做自媒体的朋友聊天。

她刚做了一个小红书账号,只有 6 000＋粉丝,每篇笔记平均不超过 20 个点赞和收藏,但就是这样的一个账号,每月可以做到 5 万～10 万元的收入。

她是做新媒体写作课的,每人每月 499～799 元。就靠着这样一个新账号,怎么会做到这么高的收入呢?我对此很是好奇。

继续深聊我才发现,她已经转型,不再做新媒体写作课,而是做起了"写作疗愈课"。这个定位的转型,让她的价格翻了好多倍。

为什么?因为这个定位的转型,本质上重新定义了她的课

程受众：几百元的写作课，受众是那些想通过写作弥补收入不足的人，赚钱是他们的第一目的，他们首先要解决的是温饱问题；价格翻倍的写作疗愈课，受众是那些收入已经比较丰厚，但在心理层面有亟须解决的问题的人，寻求内心世界的平和、自洽与强大是他们的第一目的。

教写作的人，还是那个人，但做了"＋功能"这个动作后，收入就会倍增。

这给我们的启示是什么？

启示在于：在自媒体领域，你所能获得的收入，可能远远超出你自己的想象。

只要找准自己的"定位叠加"，原则上，任何人都可以在短期内在原有收入的基础上轻松实现翻倍。这种叠加有多少种方式呢？就我目前理解的，主要有以下3种方式：

产品功能叠加

在小红书上有很多女性摄影博主，她们能把家里的角落都拍摄得很精美，再搭配上一些颇文艺的文案：整个账号会给人一种很有生活腔调的感觉。

她们用这种运营方式吸引品牌方，接广告变现。收入不仅被动，而且变现慢。

于是，很多摄影博主便走上了知识付费的道路，教人如何把生活变得美美的，俗称"生活美学"。这又是一部分收入，虽然不算太多，但总比单纯接广告赚得多。

有什么办法能够通过产品功能叠加，让这样的博主收入翻倍吗？当然有。

教人把生活拍得美美的，是刚需吗？对于有些人来说，是，但这个群体不大，所以很难把这个赛道的收入上限拔得特别高。

但如果把摄影课程的受众群体定位为小红书博主呢？小红书最不缺的就是博主，而他们中又有很多人不知道怎么把图文笔记里的图片拍好。

相比"生活美学"这种软刚需，"小红书博主如何把封面拍好"才是实打实的硬刚需。为这样的课程买单，学到的东西可以直接提升他们账号的吸粉力，从而提升账号的变现力。

同样的精力，做一门"生活美学"的课，其受众可能是在数十万人的基数里筛选；但是做一门"小红书博主如何把封面拍好"的课，其受众会直接翻倍成千万级别。

人设标签叠加

我在做小红书时，接的广告要比别的博主多得多。这是因为，我的人设在品牌方的眼里是靠谱的。

靠谱的具体表现有三点：第一，交稿快，广告植入逻辑丝滑，并且基本不需要二次修改，这让品牌方比较舒心；第二，笔记排版精美，能在提升品牌格局的同时提高转化率，这让品牌方比较放心；第三，我的广告笔记很多都被品牌方转给其他博主作为案例展示，其他博主只需照着我的标准做就行，这种能降低沟通成本的方式让品牌方比较开心。

正是因为有了好的合作基础，他们基本都会再找我进行二次、三次合作，而不是像一些博主，沟通过程极其痛苦，品牌方咬着牙合作了一次便恨不得拉黑。

有的品牌方并不是真的品牌方，而是品牌投放代理。他们手里握着的资源不止十个八个，而是几十个、上百个，一次合作好了，就会长期合作。正所谓你好，我好，大家好。

所以，你能在他们心里留下什么样的标签很重要。相比职场所谓的"人脉社交"，这才是真正的不加引号的人脉社交。

在这个阶段，我的运营观就是：你运营小红书的时候，小红书也在运营你。

说直白点就是：我们在做小红书的过程中，必须知道什么样的小红书博主是更能吃得开的，只要我们的所有动作都朝着这个方向靠拢，就势必有不错的成果。

交叉定位叠加

前面我说过：不要把你想做、你能做的，都放在一个账号里。

但如果其中的一些内容我们实在不忍心舍弃怎么办呢？那么就重新开一个账号，同时运营。

可能有很多朋友看到这里会问："啊？搞一个账号我就已经精疲力尽了，怎么还有精力同时做两个或多个账号呢？"

所以，我们才提出这个"交叉定位叠加"的概念。

所谓"交叉定位叠加"，指的是同时做两个或三个账号，内容半径可以40%～60%重叠。在其中的一个账号做起来，并和一些广告方建立了不错的关系后，他们再找你合作，就是两三个账号打包着合作。而其余的40%～60%内容半径，则可以拓展其他类型的广告合作。

像我之前的账号做到10 000粉丝时，就积累了几十个优质的品牌方。他们与我合作之后，有了不错的数据，但又不能频繁投放我的账号，就问我有没有别的优质博主推荐。

我火速搞了两个新账号，一个月之内做到了一个账号5 000粉丝、一个账号8 000粉丝。再跟他们合作时，三个账号的报价分别是1 000元、800元、500元，哪怕打包价是2 000元，我们双方也都是很乐意的。

这三个账号，定位虽然都是"个人成长"型账号，但一个偏自媒体博主的成长，一个偏职场女性的成长，一个偏大学生的成长。

三个账号的内容可以部分重叠，一个选题做三篇。比如，我做过一个选题：《从自卑到自信，都是因为这 5 本书》。我可以站在自媒体博主的角度讲技能提升、收入增加给我自信；也可以站在职场女性的角度讲懂得察言观色、在职场混得游刃有余给我自信；还可以站在大学生的角度讲敢于表达自己、善于结交优质朋友、扩大交际圈给我自信。

选题还是那个选题，只不过内文不一样，就像瓶子还是那几个瓶子，但里面装的东西不一样，它就有不同的价值。这样做选题很省力，属于高级版的"自我抄袭"。

在此基础上，我们还可以拓展各个账号的内容半径，以增加变现的其他可能性。

我就是靠着以上 3 种玩法，让自己做小红书的收入一直保持增长。

很多时候，我们羡慕那些收入比我们多的小红书博主，他们的能力不一定比我们强，但选择能力肯定比我们强。

在合适的时候做了合适的选择，真的可以顶我们在职场中 3～5 年的努力。这是一种智慧，更是一种能力，而这种智慧和能力需要我们不断学习，不断精进。

做小红书，从小透明、模糊的 IP，一步步变成有影响力的 IP 并不轻松，变成具有高变现力的超级 IP 则更难。但只要我们步步为营，就可以步步为赢。

第3章 小红书文案创作

写作力决定变现力

1. 小红书文案，惯用的 5 种万能结构

很多新手博主在做小红书之初，虽然做了比较清晰的账号定位，也不愁选题内容，但就是不知道该如何把它们逻辑清楚地表达出来。

这是因为，他们对于成熟的小红书博主惯用的文案结构并不了解，才会在运营账号的过程中频繁出现"胸有墨，不知如何落笔"的卡点。

不只是小红书，想要在任何一个自媒体平台拿到大结果，你都需要持续不断地输出内容。而在这个过程中，如果你没有 3~5 个惯用、好用的写作结构，每写一篇新文案，光在结构构思上就花大量时间，那么更新频率和质量就很难保证，是很难保持持久战斗力的。

所以，在这一节中，我会告诉大家 90% 的成熟博主都惯用的 5 种万能结构。它们全都经过了平台、博主、读者、数据、变现的层层检验，可以保障你最大限度地高效输出。

第 1 种："总、分、分……总"结构

这种文案结构，常见于干货笔记，比如写作、运营、设计、装修、画画、AI 运用、健身、化妆、摄影、美食等赛道。

博主要想驾驭这种结构，必须在该领域内拥有比一般人更独到的理解和更丰富的实战经验。

以写作为例，假如我们做一个《自媒体人如何在短时间内提升文笔》的选题，我们先要在文案的开头抛出一个明确的观点"文笔对于自媒体人很重要"，这是"总"，目的是吸引读者的注意力；然后我们开始分观点例证，并给出多种（一般来说，博主们惯用的是3、5、7种）解决方案；最后，以总结性的观点收尾（对文案开头的观点进行升华），让读者重视你给出的建议，最好是能真的驱动他们照着做。

在短期内，让自媒体人提升写作水平的方法有很多，比如：多读书，读那些文笔好、知名度高的作家的书；多听歌，听那些歌词优美、经典、充满韵味和意境的歌；多练笔，最好是能熟练掌握排比、拟人、比喻这些修辞手法；多思考，尤其是对那些我们习以为常的观点，要敢于提出质疑；多看辩论和人物访谈节目，学习如何有力地剖析问题、回答问题……

方法有很多，就看你知道多少，并把如何通过它们提升写作水平的脉络厘清。

在我的账号里，我确实做过这个选题，当时我刻意把"听歌锻炼文笔"这种方法放了进去。安排这一个"分"，有两个作用。

（1）为了和别人类似的笔记区分开。

很多人都爱听歌，但是我没有看到有人讲过"听歌锻炼文笔"这个概念。在我看来，歌词是最凝练且精准的表达，对于提高我们写作时的用词精准度有很大的帮助。事实上，我之所以爱上写作，最初也是由于爱上了很多歌词。我对歌词很敏感，能分析出很多歌词为什么好。读者一旦被我的分析说服（在写作的专业度上），就很容易路转粉。

（2）为了给自己的笔记植入广告位。

我的账号定位是自媒体运营干货，按道理来说，这样的账号是很难接到耳机和音箱这类产品的广告投放的。但是，我在做这个选题的时候，刻意拍了我戴着耳机听歌时的照片。笔记数据很好，广告方通过关键词检索（只要你敢在笔记里植入各种广告位，品牌方就有100种方法可以找到你）发现了我，我便连续接了两个耳机的广告。

一篇笔记，写作之前把结构和目的都确定了，打腹稿就会变得很高效，下笔会更有针对性，写作速度和质量也就更有保证。你的目的不一定100%都能达到，但只要60%能达到，对于整个账号来说，就会有很丰厚的回报。

第2种："正反对比"结构

这种文案结构，常见于经验分享型笔记，尤其是那种"之前"和"之后"有强烈反差的。它的适配性是这5种结构中最高的，几乎可以应用于任何赛道。

不过，对于这类笔记而言，图片的重要性大于文案，一般会以图片为主，以文案为辅。因为文字给人的视觉刺激，往往没有图片的大。

你如果做减肥和健身赛道，可以选择减肥之前和减肥之后的两张照片，左右或上下拼在一起，那种视觉对比的震撼会让你的选题内容很有说服力；你如果做写作和运营干货赛道，可以选择没找到感觉时和找到感觉后的数据、收入对比截图，左右或上下拼在一起，几十、几百、几千和几万的对比刺激会让你的写作和运营能力获得读者本能的认可；你如果做摄影赛道，可以选择技术是菜鸟水平时拍摄的作品和技术突飞猛进后拍摄的作品，左右或上下拼在一起，非专业和专业的强烈对比会让读者好奇，这样奇思妙想的摄影构图究竟是怎么诞生的。

以上举了3个赛道的例子，但这种结构肯定不限于用在这3个赛道：美食可以，家装可以，美妆可以，医美可以，母婴可以……

记住，无论什么赛道，前后的对比一定要强烈，最好是10∶90、20∶80、30∶70的那种强烈对比。如果是40∶60、50∶50的那种对比，这个文案结构的威力就会大打折扣。

第3种："是什么？为什么？怎么办？"结构

这种文案结构，常见于答疑解惑类选题，尤其是那种能引发某个群体共鸣的选题。如果你能在"怎么办"这一环给出令人眼前一亮的解决办法或者让人产生自我反省的效果，爆文产生的概率就会大大提升。

这里，我们以一个亲子选题为例：《为什么我的孩子跟我不亲，甚至像仇人？》。

像这种选题，就有着极其清晰的阅读群体画像——那些处理不好亲子关系的父母，尤其是孩子正处于青春期、沟通很困难、为此很头疼的父母。

这种父母看到这种选题，会有一种被标题点了穴的感觉。他们会带着对答案的好奇点开笔记。如果你的解答能让他们满意，他们会瞬间对你路转粉，粉转铁粉。

这种选题分为三个段落——第一段讲儿子跟我不亲的具体表现，最好多罗列几点，这样就能最大化扩大共鸣（占文章篇幅的20%～30%）；第二段讲我的不解和困惑，侧重于心理描写，孩子这么对待我，我的具体心理活动是什么样的（占文章篇幅的20%～30%）；第三段，给出你作为父母或专业人士，解决过类似问题的办法（占文章篇幅的50%～60%）。

如果是我写这样的选题，我会把亲子关系疏远的原因总结为：好的亲子关系有很多种相处模式，但不好的亲子关系肯定是让孩子窒息的，孩子感觉不到自己是被尊重的。比如：在学习之外，不被允许有自己喜欢的东西；交什么样的朋友，父母会干涉；将来想去什么城市上大学、选什么专业、从事什么工作，都没有自主选择权。

如此种种会让孩子觉得，自己虽和父母生活在同一屋檐下，却是不同世界的人，自然与父母亲近不起来，甚至想逃离。既然做不到物理上的远离，那么就用心理疏远来抗议，慢慢发展为对父母的排斥甚至仇恨。

这样的概括，虽然不一定能说服100%的父母，但是如果能说服60%以上的父母，那么这个选题就是成功的。

大家做选题时需要特别记住一点：再好的选题，也不可能让你的受众100%满意。

所以，当读者对你的文案提出质疑或反对意见时，如果有道理，我们就接受，也算是一个成长；如果没有道理，且你认为自己的观点站得住脚，就可以忽略。

第4种："案例展示＋观点输出"结构

这种文案结构，常见于"蹭热点"的选题。博主或针对热搜上的某件事，或针对热播的综艺、电影、电视剧里的某个情节，展开自己的观点输出。

运用这种结构，需要特别注意的是，首先，要给大家梳理清楚热点的前因后果。如果你对事件和情节了解得云里雾里，那么即便后面的观点再精彩，读者也没法对你产生认同感。用一句话总结就是，前面若有信息损耗，势必会影响读者对后面的信息接收。

其次，需要我们结合文案配图的就要配图，需要配聊天记录的就要配聊天记录，需要配视频片段的就要配视频片段。这样，除了剪辑内容更丰富、更能锁住读者的注意力外，我们的文案和事件、情节也才更能信息互补，更有助于读者了解我们为什么会有后面的观点。

最后，需要注意的是，我们在评论一件事之前，最好仔细翻一翻事件报道下的评论，尤其留心那些能够引起读者二次共鸣和引领评论风向的观点。顺着网友的观点，和逆着网友的观点，都更有可能引起讨论。

第5种："1∶1复刻"结构

这种文案结构，说白了就是"照葫芦画瓢"的玩法。

比如，一个人不会做饭，他就找一个自己喜欢的美食博主，照着他的视频，一个步骤一个步骤地复刻下来，最终剪辑成和他一样的作品。双方视频或者上下排列，或者左右排列，或者自己的视频画面保持原本尺寸，对方的视频画面缩小居于左上角或左下角。

如果你实在不会写文案，又不想错过小红书的红利，这就是你起号的最优选择，没有之一。这种结构，不用自己写文案，在对方的基础上稍做调整就好。这种笔记特别容易出爆款，因为运营的底层逻辑是，可以收获读者的双重认可（在不翻车的情况下）。

用这种方式，做美食博主可以，做美妆博主可以，做测评博主可以，做 VLOG 博主可以，做数码博主可以，做家装博主可以，做书桌博主可以……

可能会有读者有疑问："啊？就这样免费拿别人的作品翻拍成自己的，人家不会告你侵权吗？"

你如果对你复刻的博主只字不提，那确实很不地道。对方刷到后，点个投诉，你是一点办法都没有。但是，如果你能在评论区@你复刻的博主，并且表示感谢，那么结果可能就会有所不同。如果笔记爆了，你们一起涨粉，不是双赢吗？

以上 5 种万能文案结构，是很多大 V 博主能保持高效创作的秘密武器，他们正是用这些技能实现了涨粉和变现齐飞，让自己和收入彻底告别平庸。

如果你想做的赛道，适合运用其中的某一种或某几种文案结构，那么不妨赶紧试试。不试，人生就永远停留在原地；试试，可能性就不只是可能性。让可能性照进现实，那种感觉真的很让人上头。

2. 所有爆款文案的大前提：顺势而为

我在 2019 年 7 月裸辞，离开了北京，开始了自媒体创业。

在此之后的5年里,我在各种平台上看到了各种行业的同龄人陆续撤离北上广深,形成了一种"中年人逃离北上广深"的趋势。

其中,不乏一些媒体人。我看到的趋势,他们自然也能看到。行动派就开始现身说法,以"逃离北上广深"为账号定位做起了自媒体。

在这5年里,我看到了不下1 000篇这样的小红书爆款文案,点赞和收藏3 000~5 000是很基础的数据,点赞和收藏1万~2万是小爆款,点赞和收藏5万~20万是大爆款。

他们只靠着这一个定位,很快积累了原始粉丝,并且探索出了适合自己的变现模式。

他们都是很聪明的自媒体人,懂得顺势而为的力量。他们明确知道,读者喜欢这样的内容是源于两种原因:

第一种,有些人也想离开北上广深,但是勇气不够。他们喜欢这些内容,是为了获得情感上的安慰:我虽然过不了这样洒脱的生活,但是有人在过,我看着他们享受生活,就好像也跟着享受了一样。

第二种,有些人已经离开了北上广深,也想通过做自媒体获得一份稳中有升的收入,但不知道如何开始。这类人把他们当"对标账号"在研究。

如果只是少数人离开北上广深,以这样的定位做小红书,可能无法形成这么大的数据效应。只有数千个博主，共同形成一股潮汐效应，才能引起群体性的共鸣。

所以，那些顺势做这类选题的博主，只要拿出 60 分的技能，就能轻松获得 80 分的成果；但如果做逆势的选题，就算再努力，拿出 120 分的技能，可能连 60 分的成果都得不到。

这就是会运营和不会运营之间的差距，很现实，但也现实得很公平。

除了集体行为的顺势，封面格式的顺势也很重要。

举个例子，如果你是小红书的资深用户，你会发现：有很多博主的封面，要么是两张横图的拼图，在中间打两行大字；要么是四张竖图的拼图，在中间打两行大字。

为什么越来越多的博主这么做？

这是因为前面的博主探索出了这种版式，读者也比较喜欢，读者和博主已经形成了阅读审美的默契（读者的喜好是可以被培育的），后来的模仿者就没有必要再在这上面去花心思创新，起码在粉丝涨到 10 000 之前，你完全可以顺势走得轻松一些。

当然，这里是为了方便大家理解，举了这两个例子。你并不一定喜欢这样的封面版式，那就去找自己喜欢的、其他类型的博主用数据验证过的封面版式，模仿它们就好了。

除了集体行为的顺势、封面版式的顺势，还有什么？

还有博主们对于名人效应的运用，比如最近我经常看到两类笔记：一类是和董宇辉相关的，另一类是和马伯庸相关的。

他们的选题大概是这样的：

（1）《董宇辉推荐，关于读书的正确顺序》

（2）《马伯庸的写作秘诀，太适合写作新手了》

这类选题的底层逻辑是什么？为什么这类选题常常创造爆款？

想要熟练掌握这类顺势笔记，我们必须搞清楚两个问题。

董宇辉推荐的图书就一定靠谱吗？不一定！董宇辉的读书顺序就一定适合每个人吗？不一定！但是，熟悉董宇辉的人都认为，他博览群书，并且引用自如。

他之所以能走到如今的位置，得益于他读过的那些书，他的思想和行为受到了那些书的影响。

所以，顺应董宇辉的势，做与读书相关的选题，对读者来说有较大的说服力。当然不可能说服所有人，但是能说服60%的人就是很大的基数，做出爆款笔记的可能性就会大大增加。

再说马伯庸，他的写作秘诀真的适合每个新人吗？也不一定！但是作为作家，他产量巨大，并且几乎每本书都能卖爆，其中的不少作品更是被改编成了热播的影视作品。

如此有数量、有质量、又有市场的作家，他的写作秘诀肯定是值得学习的。虽然他的写作方法不一定适合每个人,但是大多数人可或多或少从中受益,这一点应该是毫无疑义的。

讲到这里,你们发现没有,这种"顺名人效应之势"的笔记,归根结底,其实也是"经验复制"型笔记。他们用自己的行为、经验支撑着自己走到了现在的高度。他们从山脚走到山顶的过程,都有值得我们借鉴、学习的地方。

洞察不到这一层,你就会把这种顺势而为简单地理解为"蹭名人流量";洞察到了这一层,你对顺势而为的理解就会更开阔。

这也是为什么有人做了类似《从0到30 000粉丝,只因我做对了这5点》的选题,在数据爆了后,马上就会有人跟风。别人用自己的经验,分享了自己从山脚走到山顶的过程,是因为那5点支撑有理、有据、有成果。

思维开阔的博主,马上就可以模仿它写出以下选题:

(1) 职场干货笔记《从月薪3 000到10 000,只因这5个思维转变》

(2) 育儿干货笔记《作文从30分到50分,我只教儿子做一件事》

(3) 家装干货笔记《装修过程中盯紧这3点,可以让你少花5万元》

(4) 手机摄影干货笔记《学会这9种构图方式,手机秒变单反》

(5) 写作干货博主《稿费稳定月入10 000元，只因做到了这3点》

发现没，在模仿前面的选题生成后面的选题的过程中，我们打破了什么？打破了同赛道"对标账号"的界限。

在小红书上，在很多小红书的课程里，博主和小红书讲师们教给大家最多的是什么？即你要寻找同赛道的"对标账号"，最好是三类：起号期的（2 000~5 000粉丝）、成长期的（1万~3万粉丝）和成熟期的（3万~5万粉丝）。

这种说法对吗？不完全对。只对标同赛道的账号，会让你不自觉地陷入模仿甚至抄袭的怪圈，你很难自我纠正。你在做账号的整个过程中，都会觉得自己身上有别人挥之不去的影子，你很难成为真正的自己；而对于一个成功的自媒体人来说，"自媒体"最重要的就是"自"。

在我的运营观里，做账号是不必专门找对标账号的。或者说，只要你看透爆款笔记的底层逻辑，处处都是对标账号。

这种跨领域的对标，顺的不是某个博主或某个赛道的势，而是整个小红书生态里所有博主的势。

3. 如何通过文案给读者下阅读指令

很多自媒体人的介绍里都有这样一句话：我手写我心。

这样的自媒体人，注定只有很小一部分能拿到大结果，可能不足5％。因为在他们的写作观里，自己的感受大于读者的感受。你写的都是你感兴趣但读者不一定感兴趣的事，读者刷到你的笔记时，脑子里会频繁冒出这样的疑问：这和我有什么关系？

除非你们的兴趣点重叠，才能创造不错的数据。不过这种情况充满了偶然性。

反观那些能拿到大结果的博主，他们更信奉的是**"我手写你心"**，所以，账号的涨粉和变现都从偶然性变成了必然性。

"给读者下阅读指令"的文案创作方法有很多种，这里我们主要讲3种：

人群锁定

这种文案创作方法，是我写文案时使用频率比较高的，因为它容易操作，也容易出成果。

比如，在我的小红书账号里，"一个人做自媒体"系列、"边上班边做自媒体"系列、"边带娃边做自媒体"系列，都属于这种玩法。

虽然都是讲如何做自媒体的，但是因为受众不同，文案侧重也有所不同。

其中，"一个人做自媒体"系列是侧重于讲如何把自己从

"单一技能型人才"变成"复合技能型人才",让一个人发挥一个团队的作用,创造出高变现;"边上班边做自媒体"系列和"边带娃边做自媒体"系列,则需要侧重于如何做好时间管理,让自己在有效的时间内高效产出内容。

受众锁定了之后,你就要花时间去研究他们:他们的痛点是什么?他们的情绪需求是什么?他们亟须解决的问题是什么?分别罗列10~30个,标注星号。以五星为标准,四五颗星的,先做。

这样,我们就获得了账号启动前的第一批选题,而它们又像球员一样,被分成了主力和替补。主力肯定先上,实在没选题可写的时候,试试那些两三颗星的选题,没准也有奇兵作用。即使没有,数据差一些,也仍然可以用来保持账号的稳定曝光。

"人群锁定"型笔记其实有一个隐性的固定结构,即:精准人群+共性问题。

以下面三个选题为例:

(1)《边带娃边做自媒体,我这样管理时间》
(2)《我所有的自卑,都是被这本书治愈的》
(3)《准备裸辞的人,先回答一下这10个问题》

第一个,"边带娃边做自媒体的人"是精准人群,"如何做好时间管理"是共性问题。

第二个,"有自卑情结的人"是精准人群,"等待被治愈"

是共性问题。

第三个,"想要裸辞的人"是精准人群,"对裸辞没安全感"是共性问题。

做小红书账号,其实有点像演员从默默无闻到大明星的状态。很多人都觉得明星是因为某一部戏爆火而一夜成名的,其实不是。你知道他们在成名之前做了多少努力而不为人所知吗?做小红书和成为明星一样,一夜成名之前的那一夜都很漫长,都需要用一篇篇笔记、一个个作品去积攒,等待那个一夜成名的时刻。

越努力,越幸运;越努力,越接近。

问题互动

相比"人群锁定"型笔记,"问题互动"型笔记要更好用,因为小红书的用户天生带着"提出问题"和"帮人解决问题"的基因。

如果你的提问恰好被能帮你解决的人看到了,他们会毫不吝啬自己的评论。这也是那些"问题互动"型笔记在小红书上都有很好数据的原因。

以下面三个选题为例:

1.《姐妹们,只有3 000元预算,哪个安全座椅更合适?》

如果你家有宝宝,刚好买的安全座椅就在这个价格区间,你会不跟提问者聊聊你为什么选择这个品牌以及使用体验吗？你大概率忍不住。

2.《弱弱地问一句：买奔驰 A200L 真的会被鄙视吗？》

如果你是奔驰 A200L 的用户，你会跟提问者讲述自己对这辆车的真实用车感受以及身边人的真实反馈吗？你大概率会。

3.《远嫁，真的像网上说的那么恐怖吗？》

如果你是远嫁且过得不幸福的那一类，你会建议这个姑娘别远嫁吗？你大概率会。如果你是远嫁但过得很幸福的人，你会安慰这个姑娘别轻信别人的言论，要学会自己判断吗？你大概率也会。

通过"问题互动"做选题，其实是博主和读者共创内容：你负责指出方向，读者负责顺着你的方向给出他们自认为标准的答案。他们通过输出内容获得情感满足，我们获得了笔记数据，大家各取所需，皆大欢喜。

效果绑定

这种文案创作方法，是最能创造爆款笔记的。

如果你的身材比较肥胖，看到《不跑步，不跳绳，我靠调整饮食 1 个月瘦了 20 斤》这样的标题，你会点开看吗？大概率会，因为你也希望不运动就能瘦身。看完之后，你会点赞、收藏吗？大概率也会，因为你也想着哪天心血来潮试试看。这类

第 3 章 小红书文案创作：写作力决定变现力

人，且不论会不会跟着它照做，他们的收藏夹里都躺着很多这样的笔记，这就是所谓的"收藏从未停止，行动从未开始"。

如果你是收入比较低，但有大把业余时间的职场人，看到《下班后做这 5 种副业，我每月多赚 5 000 元》这样的标题，你会点开看吗？大概率会，因为你也有增加收入的需求。看完之后你会点赞、收藏吗？大概率也会，即使你现在不想做，万一哪天你想做了呢？你要保证能第一时间找到它。

如果你想在小红书开店铺，但是不知道如何操作，看到一个这样的标题《小红书开店全流程，从 0 到 10 万＋收入全靠它》，你会点开看吗？大概率会，因为别人已经整理好且经过变现验证的流程，你会觉得它靠谱。你会点赞、收藏吗？大概率也会，因为它是你想了解但是又不想花时间整理的硬干货，可以拿来即用，为什么不收藏呢？

像这样给读者"下阅读指令"的写作方法还有很多，你也可以根据我说的 3 种方法去自己整理一些。

它们能做到最大化地保证一个账号的数据稳定，尤其是在起号、账号权重比较低、获得流量推荐比较少的时候，你能用这些方法，让平台帮你推荐的 100 个人里的 30 个人产生阅读兴趣，平台就会继续给你 500 流量；这里面若有 200 人感兴趣，便会有 1 000 流量；然后是 5 000 流量，10 000 流量……爆款笔记也就离你越来越近了。

对于读者来说，这样的写作方法是给他们下"阅读指令"；对于小红书平台来说，这样的写作方法是给他们下"推流指令"；而我们，只需要坐等流量。

4. 流量分为无效流量、低效流量、高效流量

在小红书上搜索"小红书　玄学"，页面上会出现成千上万篇有关小红书运营之谜的笔记。

这两个关键词组合在一起这么火，是因为博主们搞不懂小红书平台上很多现象背后的原因，便只好把它们统称为"玄学"。

比如：有的笔记数据很好，点赞、收藏、评论加在一起少说有3万~5万，怎么看都是大爆文，为什么涨粉却只有区区几十、几百？

理由很简单，只是因为你发了和你的账号定位错位的笔记。每个选题都有三个你不知道的隐藏标签：无效流量、低效流量、高效流量。

以《唱歌水平放一边，这5位"浪姐"的穿搭美爆了》这个选题为例，如果是非穿搭博主发，它就是纯纯的娱乐选题。哪怕读者为你贡献了数据，你这篇笔记也爆了，但读者点开你的账号后发现，你主页的内容跟穿搭没一点关系，你的个人简介

也并不是穿搭博主，流量就只会到点赞、收藏、评论为止。你的账号定位，阻断了接下来的关注。相反，如果你是一个穿搭博主，或从色彩搭配方面解说，或从品牌咖位方面解说，或从款式流行方面解说，那么无论是《乘风破浪的姐姐》里的女明星，还是这些女明星的穿搭，都是你展现自己专业度的道具。读者看到这篇笔记并产生了兴趣，就有可能点开你的账号；如果看到你过往的内容也是和穿搭相关的，而且很认可你的穿搭技巧，就更有可能点赞、收藏、评论并关注。只有读者对你当下的这篇笔记有共鸣，才会对你过往的笔记有兴趣，进而对你未来分享的内容有期待。

因此，笔记流量的无效、低效、高效，与其说和选题有关，倒不如说是和"选题与账号定位的关联度"有关。同样的选题，对于 A 博主来说，可能就是能带来高效流量的大爆款——既能创造单篇笔记数据，又能给账号带来涨粉和变现；对于 B 博主来说，可能只能创造单篇笔记数据，但不能给账号带来涨粉和变现。

这也就是很多博主不明白之处：为什么同一篇笔记，别人做过，数据爆了，涨粉和变现都很猛，自己模仿着做，数据也爆了，但是涨粉却不如人家的 1/10 甚至 1/100，变现更是无从谈起。原因就是，该选题和人家的定位是契合的，而和你的定位是剥离的。一个是强关系，一个是弱关系甚至没关系。

所以，我们做选题时，不能只被流量牵着鼻子走。在确定它能创造流量后,还要再多想一步:这样的流量对于我的账号来说,有什么好处?

就像本书序言里所说的:它到底能"销售"我的什么?如果它不能把我们自己"销售"出去,那么我们做它就没有任何意义。哪怕它是爆款笔记,但如果不能给我们带来涨粉和变现,那么它就不是真正的爆款,而是实打实的伪爆款。

在我刷到过的小红书博主里,其中80%都是深陷无效、低效流量的泥潭里,不知道如何把自己拽上来的。

其中,我印象最深刻的是一个育儿博主。她的账号里有50多篇笔记,有一大半都是点赞和收藏3 000~5 000的小爆款,但粉丝多少呢?做了半年多,才不到500个。

她刷到我的小红书干货笔记后,给我留言说:"刘老师,我实在搞不懂小红书了,我的笔记数据这么好,为什么就是不涨粉啊?"

我就把无效流量、低效流量、高效流量的概念告诉了她,并且和她仔细分析:"你看,这个选题《和应采儿学育儿,当妈越来越松弛》,点赞、收藏加在一起有6 000+,算是中型爆款了。它不属于无效流量,因为跟你的账号定位是有关系的;但它属于低效流量,因为这篇笔记的流量是往应采儿身上引导的,你最内核的内容,无非把人家育儿的过程用你的语言叙述了一遍。作为博主,你的价值体现在哪里呢?难道只是搬运别人的观点吗？"

一句话，把她问懵了。

良久后，她回了一句话："刘老师，我没想过这个问题。"

我说："我们做自媒体的，蹭热点无可厚非，但是切记，不能让明星或热点事件的流量盖过自己的能量。做自媒体这件事本质上是一种能量转移，你的文案可以是一部分流量＋一部分自己的能量（观点输出），唯独不能是 100% 流量＋0% 的个人能量（观点输出）。如果这样做内容，你在你的账号里扮演的就是'隐身人'的角色，帮读者跟热点事件的人物对接了流量，自己却没从中获取任何收益。"

听到我这么说，她打了一长串的感叹号说："刘老师，我悟了，真的是这样。这就等于我做房产中介，直接把房东的联系方式给了客户，他们就把我给跳过去了。天啊，这个感悟好痛。不过痛得好痛快。如果不是你，我还不知道自己是怎么回事呢。"

在写每一篇笔记之前，我们都要想明白，它对于自己的账号来说到底有什么样的作用：如果只能创造这篇笔记的数据，不能涨粉和变现，那么它就具有无效流量；如果不但能创造这篇笔记的数据，还能给我们带来一点涨粉，那么它就具有低效流量；如果它既能创造这篇笔记的数据，又能带来涨粉和变现，那么它就具有高效流量。

我们做小红书，只有多做高效流量的笔记，少做低效流量的笔记，不做无效流量的笔记，才能拿到大结果。

这就好比一个演员不能对什么剧本都来者不拒。好的剧本，可以成就一个演员；烂的剧本，可以毁掉一个演员。

博主和选题也是这样的关系。

5. 文案只有两种："翻唱"或原创

我们看选秀节目时会发现，选手的比赛曲目只有两种：一是翻唱歌曲，二是原创歌曲。

做小红书，也只存在这样两种情况。

"翻唱"

所谓"翻唱"，并不是抄袭，而是你看到别人的选题很好，但对于这个选题，你也有自己的理解，于是你用自己的风格和观点把这个选题再做一遍。

比如，我曾经做过一个选题：《做自媒体厉害的人，无一不是六边形战士》。

我对于六边形（6种能力）的解释是**文案、排版、剪辑、数据分析、评论互动、广告合作洽谈**。有一个博主原封不动地用了我的标题和文案结构,但是内容都是自己写的。他的这种做法虽然有些不地道,但是却不能被定义为抄袭,只能算是"低级翻唱"。

事实上,在小红书,很多博主都是这样做选题的,尤其是在刚起步的阶段。

因为是"低级翻唱",选题里还有别人的影子,很容易在评论区被人质疑是在模仿谁。就好像一位选手参加选秀节目时唱张学友的歌,并刻意模仿他的唱腔和台风,而被评委给差评一样。

你很难说这样的选手不会唱歌,但他们这样参加选秀节目,也很难走得远——这样的小红书博主也是,因为他们没有自己独立的思考和表达。

我的这个选题其实也不是原创,而是"翻唱",但属于"高级翻唱",有自己的思考和表达。

我之所以做这个选题,是因为看到有个选题是《没有这3种能力的人,千万别轻易做小红书》,并且数据还不错。我一般看到能让我的思绪跟着波动的选题,脑子里首先会蹦出一些问题。这次也一样,看到这个选题时,我先问自己:

在他的理解里,究竟是哪3种能力这么重要?如果是我,会写哪3种能力?

点开这篇笔记看完之后,我发现这位博主写的是文案、摄影、坚持。我觉得他说得不够透彻。于是，便又有一个问题出现在脑海里：除了这3种能力，还有什么能力是做自媒体必需的？最后经过思考，我把"摄影"和"坚持"去掉了。因为摄影虽然重要，但不是最重要的：如果做图文博主的话，内页不需要图片，封面是可以用图库里的图片素材的。而坚持属于软实力，我不想把它和硬实力混为一谈，我想在我的这篇笔记中只谈硬实力。在我的运营观里，硬实力分为文案、排版、剪辑、数据分析、评论互动、广告合作洽谈。

经过这一轮的思考，选题几乎信手拈来。但是，《想要做好小红书，离不开这6种能力》的表达又太平庸了，"抄袭感"也很强。有没有更引人入胜的表达方式？恰好那段时间，国乒正在比赛，有解说员用"六边形战士"形容马龙，说他技能很全面，几乎没有短板。我眼前一亮，标题也就最终定为《做自媒体厉害的人，无一不是六边形战士》。

这篇笔记发布后，数据非常好，阅读量10万＋，点赞和收藏都是1万＋。如果标题是《想要做好小红书，离不开这6种能力》呢？效果肯定没有这么好。

"做自媒体厉害的人"从阅读心理上看能激发人的慕强效应；"自媒体"又比"小红书"有更大的阅读群体；"六边形战士"则赋予了这个选题一种热血的感觉。

如果《想要做好小红书，离不开这6种能力》是一首"清新民谣"，那么《做自媒体厉害的人，无一不是六边形战士》则被我"重新编曲",成为一首"硬核摇滚"。即使是成熟的作者,看到我的这篇笔记和之前的笔记,也不会想到,我的灵感是这样来的。

所以,想要从"低级翻唱"变成"高级翻唱",有两种行之有效的办法:

(1)改变它的表达方式。在表意不变的情况下,你的表达一定要更有新鲜感、更有辨识度。

(2)改变它的气质。原来的选题可能没有什么态度,没有什么韵律,更没有什么气质可言。你用你的文笔给它做做精装修,使之成为一种和你的文字审美更契合的表达。

只要做到这两点,即使某个选题依旧是"翻唱",也属于"高级翻唱",因为它有了独属于你自己的、别人轻易模仿不来的味道。

原　创

原创文案,相对于"翻唱"来说则更难,因为它没有具体的参照物。

不过,它也没有想象中的那样难。以我的创作经验来说,最难的是灵感来源这一块。我给灵感来源取名为"一滴墨",只要我们变得善于从日常生活中去寻找这"一滴墨",接下来的步骤就可以轻松推演出来了。

以我做过的 3 个选题为例：

在"五一"之前，我看到了某官媒发布的儿童走丢调查，其中提到，节假日是孩子走丢的高峰期。于是，选题**《警惕！五一小长假：出游的小高峰，孩子走丢的大高峰》**就诞生了。

封面中的"警惕"二字可以做成一个类似于印章的形状，以起到醒目的作用；"五一小长假"几个字可以把字号放大；"出游的小高峰，孩子走丢的大高峰"可以摆在封面的正中，放在"五一小长假"的下面，同样用大字号（但比"五一小长假"的字号要小，让它们有"从属关系"）。

在文案方面，不仅要明确写出孩子走丢和被拐的各种可能性，还要写出孩子一旦走丢了，父母应该采取的正确应对措施。

如此设计，这篇笔记是"写给谁看的，解决什么问题"的问题就解决了。它特别适合育儿、女性成长和旅游账号踩着"五一"前的节点发布，会让人感觉你的账号很有温度，从而好感度倍增。

我的这篇笔记用了三天时间来打磨，最终获得了点赞和收藏 10 000＋、涨粉 3 000＋的好成绩。

还有一个选题，是我在刷抖音的时候想到的。

起先，只是一条评论吸引了我的注意："像这样专门点外卖并给商家刷差评的人，有一个专业的名称：差评师。"我盯着

"差评师"这三个字,觉得它大有可为。于是一个选题就从脑子里冒了出来:**《好的夫妻关系,是不做对方的差评师》**。

之所以联想到夫妻关系,是因为我听身边的一些朋友抱怨过:他们的另一半总是挑自己的毛病,无论他们做得多好,对方都视而不见。

这样的伴侣,不就是妥妥的差评师吗?

除了夫妻关系,亲子关系是不是也是这样?很多父母总是打着"为孩子好"的旗号,对他们进行各种批评,以展现自己的权威。

所以,《好的夫妻关系,是不做对方的差评师》成立,《好的亲子关系,是不做孩子的差评师》同样成立。

像这种选题,我是第一个把它做出来的,属于绝对的原创。

还有一个选题,是我前段时间和一个做新娘跟妆的朋友策划的:《当审美有了万能公式,美女开始消失》。这篇笔记阅读量80万+,涨粉1.5万+。

但其实我最初有模模糊糊的选题灵感时,并不是因为女性容貌,而是因为自媒体写作。从我接触自媒体开始,我就发现大家仿佛都陷入了公式写作里。差不多的选题,差不多的结构,差不多的案例,差不多的金句,这些"差不多"使我常常陷入沉思:当写作有了万能公式,写作还存在吗?

这种困惑放在写作上是如此,放在女性容貌上也是如此。

大家都一味地追求高鼻梁、双眼皮、大眼睛、白皮肤，美得很雷同，美便没了特色。

这条视频引发了1 200＋的评论，足可见人们的共鸣有多强烈。

"文如其人"这种概念，在自媒体领域是绝对存在的。

读者绝对能感受到一个博主将引领他们去往哪里。如果你的文字是阴郁的、萎靡的，他们看的时候，心情就会不自觉地跟着down下去；如果你的文字是激昂的、向上的，读者看的时候就会是up、up、up的状态。

所以，无论是"翻唱"选题，还是原创选题，你把读者的情绪往哪个方向引领很重要。像我，是很不喜欢站在高处俯视（教育）读者的。我更喜欢通过温暖的文字温暖我的读者；以清醒的文字去启发读者；以平视的视角，像朋友面对面聊天一样，让他们共情甚至接受我的观念。

所以，无论我是做"翻唱"选题还是做原创选题，我的数据都还不错，因为我的文字底色就是温暖的、平和的、给人以希望的，并且是有自己独特思考的。

读者在自媒体上看文章，为的就是解闷，而不是郁闷。懂得并做到这一点，也是我们和其他博主拉开差距的关键。这对于涨粉和变现来说，都很重要。

6. 学会用文笔给文案做"精装修"

在报社、出版社和杂志社工作过的人，都有一个普通博主没有的硬技能：改稿。这个改稿，有时是我们给写手明确批注出来，告诉他们如何改，让他们自己动笔；他们如果实在改不出来，作为他们的编辑，我们就要亲自动手。尤其是在杂志社工作时，有时一篇稿子6 000字，我们可以给它改成2 500～3 000字。

好的编辑和写手，绝对认可这个观念：好稿子是改出来的。好的自媒体人，也应该形成这样的认知。

但在自媒体时代，很多博主却不具备这个技能，以为稿子写完了就完了，就急着发布了。我常常看到很多底子还不错的稿子，其实改一改会有更好的数据和变现，但是博主们没有这样做，也就一次次地与快速成长以及爆款文案错过了。真是既替他们着急，又替他们惋惜。

改稿的过程，是对"毛坯房"做精装修的过程，也是让自己精进的过程。给房子做过装修的人都有体会：这个过程虽然很痛苦，但是看着房子一点点变成自己想象的样子，那种痛苦就会转化为成就感。

接下来，我会给大家讲4种我给文案做"精装修"的方法：

给观点做"精装修"

马东在《奇葩说》里说过的一段话,让我受益匪浅。

大概意思是:很多人喜欢《奇葩说》是觉得《奇葩说》的观点够新、够有趣,这是我们刻意为之的,因为有些大道理会失效,这个时候就需要用语言重新给它们做包装,它们才会重新走进我们的视野,被我们再次重视。

这段话,一直置顶在我的脑海里。

所以,我在写完一篇文案后,绝对不会第一时间发布。我总是会把它再看几遍,一句一句推敲,一遍一遍问自己:哪个观点还可以再"精装修"一下?

于是,才有了我笔记里那些被读者喜欢的金句。

比如,聊到做自媒体的可能性时,我这样写:"比起'机会是留给有准备的人',我更相信,机会是留给能追着它跑的人。"

比如,聊到我们为什么一定要升级恋爱观时,我这样写:"年轻时,我们的恋爱观大多都是'恋爱大过天',失恋了就好像天塌了一样,但其实恋爱只是天空中的一朵云,它飘走了就飘走了,谁的天空会一辈子只有一朵云呢?"

这样的观点,都是在旧观点的基础上翻新出来的,就好像推倒一栋旧房子,再盖一栋新的。读者看了之后,就会有"眼界、心结"都被打开了的感觉。

给方向做"精装修"

只要你看小红书文案足够多，你就会发现，很多博主的文案方向一模一样，就像是国内的一些说唱歌手，歌词方向都是"看我多厉害，你们都不行"那样。

创作，如果都涌向一个方向，那是一件很危险且无聊的事。

我更乐于做那个"转身，向反方向走的人"，于是，在很多小红书干货博主都做类似《做小红书一定要定位垂直》的选题时，我的选题却是《做小红书，没必要过度迷恋定位垂直》。

注意，我这里说的"反方向"，并不是刻意制造出来的，而是通过大量的阅读、经验积累、分析判断，发现有些博主的观点并不完全正确。这个时候，你就可以站在他们的对立面做选题。

为什么《做小红书，没必要过度迷恋定位垂直》这个选题站得住脚？是因为如果所有账号都讲究定位垂直，你让"生活分享类"博主怎么办？他们可以做的内容太多了，只要是跟生活息息相关的内容，都可以化作选题，那么他们垂直的是什么？

除了这个选题，还有一个选题也是这样的玩法：《比起跳出舒适圈，我更喜欢扩大舒适圈》，这个选题也是我由衷而发的。

要是按照跳出舒适圈的做法，我靠文字为生过得好好的，我却不做了，转头去做别的，那样一定会过得更好吗？不一定。所以，我选择扩大我的舒适圈。以前，我只是靠写小说为生，现在我可以靠广告文案为生，可以靠写微电影剧本为生，可以靠写观点文为生，可以靠做自媒体为生，甚至可以靠教别人写作为生。

和跳出舒适圈相比，我更相信自己后面的选择。

会开车的人，对这句话肯定不陌生："您已偏航，请在前方选择合适的位置掉头。"这样的笔记写作手法，就是要发挥这样的作用，让认知偏航的读者及时回到正确的路线上来。

用类比做"精装修"

用心的小伙伴读到这里肯定已经发现了，我在这本书里就用了很多类比的写法，比如"用选秀思维做小红书""写文案，要做那个'不穿校服'的人""做小红书频繁更换赛道的人，跟不会游泳但频繁换泳池的人没区别"，这样的句子，只要你留意，随处都是。

这样写的好处是什么呢？是让读者跳出一件事看待另一件事。很多时候，我们如果只从一个角度看小红书，就好像看山只从一个侧面看，比较局限，了解不到全貌，自然也就无法领略到"横看成岭侧成峰，远近高低各不同"的妙处。

怎么做好小红书这件事，对于很多博主来说是模糊而陌生的，但是"选秀""校服""不会游泳，试图通过换泳池来解决"离他们的生活比较近,用离生活近的去理解离生活远的,用比较熟悉的去理解比较陌生的,读者就会有恍然大悟的感觉:哦,还真是这么回事儿,我竟然被这么简单的道理困惑了那么久!

如果你的脑子是混乱的,那么你做小红书则很难做好。只有保持清醒,对于事情的理解都比较到位,你做的事才能有逻辑、有条理。

运营是这样,写文案也是这样。那些善于制造爆款笔记的博主,没有一篇笔记是靠撞大运的。他们的爆款笔记,或许有一些运气,但大部分都是有理有据,才有好数据的。

打造原创概念

之所以把这一点放在最后,是因为它是最难的。想要打造原创概念,必须建立在大量的阅读和思考、对一件事有比别人更深刻的理解之上。

我在写小红书笔记时创造了很多原创概念,比如时间货币、相互效应、捕鸟式运营等等。

所谓"时间货币",指的是读者在自媒体上花时间,其实也是付费的一种,只不过不是用货币支付,而是用比货币更值钱的时间。所以,各大自媒体平台才以"锁住读者的阅读时间"为重要指标,作为对博主内容的推流依据。了解不到这个层面,你就没办法知道,什么样的笔记更容易获得平台的推流;了解到这个层面后,你就能明白,为什么阅读停留时间越长的笔记流量越好。因为你帮平台锁住了读者的时间,就约等于在给平台赚钱。这个概念可以用于指导或直接改变创作者的思维。

所谓"相互效应",分为三个层面,分别指笔记封面和标题、账号和笔记、内容和变现。只有当它们是相互成就的关系时,我们才能获得好结果。它们如果互不相关,甚至是互相排斥的,我们就会在做小红书的过程中常态化迷失。

再来聊"捕鸟式运营"。它是一种接广告的技巧,当你的账号没有广告商找来时,你可以自己做一些假装接到广告的笔记。如果这类笔记创造了还不错的数据,广告商就会通过关键词检索到你,这篇笔记就会成为我们"捕鸟"时撒的那把麦粒,广告商会被它们吸引过来,让我们变被动为主动。这不是一种想当然的运营方式,我用这种方式接过很多个我想合作但是对方没有主动找我的品牌。我做了几篇和他们的竞品合作的"假广告",数据相当不错,我想合作的品牌果然如我所愿,来找我合作了。

写作这件事,看似是用手完成的,但归根结底是由大脑来指挥的。

很多博主的文笔不好,其实并不是真正意义上的文笔不好,而是思路不对。脑子没想到位,文字肯定就到位不了。

文笔好到底对于写文案有什么帮助,仅仅是锦上添花吗?肯定不是。文笔不好的人,就好像是用直钩钓鱼;而文笔好的人，是把这个直钩变弯。在同等付出的情况下，用弯钩钓鱼的人，自然比用直钩钓鱼的人收获多。

文笔不好，好选题也可能被做烂；而文笔好，烂选题也可以被救活。

如果你的阅读量比较大，肯定能深刻体会到我说的这段话。因为文笔厉害的人，是真的可以把一件你觉得索然无味的小事写得妙趣横生的，而这就是创作者永远都要提升文笔的原因：它是过去的自己和未来的自己的差距，也是自己和其他优秀创作者的差距。

与过去的自己比，写作力提升越多，你的竞争力就越大，你的变现力也就越强。

第4章 文案灵感来源

敏感力决定创作力

1. 人们愿意在哪里花时间，灵感就在哪里

很多人不知道怎么做选题，其实就一个原因：他们不知道人们愿意把时间花在哪里。

即使已经有无数人明里暗里地告诉过他们"短视频，正在杀死人们的时间"，他们还是不懂得去那些热门短视频里寻找能抓人眼球的选题。

在裸辞做自媒体的这5年里，我几乎没有为选题发过愁。在我看来，选题随处可见。好的选题，只需要从我看到、总结到的海量选题中提取就好。

在我的很多比较有个人特色的小红书笔记下面，总有读者叫我"选题哆啦A梦"。然而，和哆啦A梦不同的是，它想要什么都可以从口袋里掏，而我想要的选题，是从备受关注的热门综艺、电影、电视剧和热点事件里挖掘、提取的。

对于我来说，看综艺、电影、电视剧既是娱乐，也是工作。所以，各大视频网站的会员我都有。热播的综艺、电影、电视剧，我也几乎都会看，尤其是那种现象级的爆款，我还会不止一遍地看。

我要保证新鲜的、讨论度高的话题我都知道，只有这样，我

才能在第一时间从各种视角提炼出优质选题，避免"选题荒"。

最近，我在追热播电视剧《新生》。

井柏然在其中饰演主角费可，我以前对他的认知只停留在他是一名选秀歌手上，对他演的戏并没有什么印象，但他在这部戏中的演技竟然可圈可点，甚至有些惊艳。如果写一篇他的人物稿，题目可以是：《这部〈新生〉，足以让井柏然重生》。

尽管现阶段的我没有时间写人物稿了，但是作为一名文字工作者，对于选题敏感度的训练需要像呼吸一样自然。因为敏感力决定创作力，这是一个写作者的基本功，不能生疏。就好像唱戏的总要练习吊嗓子，足球运动员总要练习带球、颠球、过人、射门一样。

这种基本功的练习不会白费，因为随便换几个字，就是一个很不错的自媒体干货选题：《裸辞后的第3个月，我在小红书迎来了重生》，或者《35岁＋被职场淘汰的我，在小红书迎来了重生》。

《新生》中给我印象最深的一场戏是，费可吃人家吃剩的西餐时，由于羞耻心作祟，瞬间委屈到双眼通红。由此我想到一句话："比起自律，我更相信羞耻心的力量。"

通过这句话，就可以衍生出一个选题：《培养这5种品质，就是自己给自己改运》，"培养羞耻心带来的力量"可以作为其中的一条，而对于它的解读可以这样写：我们常常忽略羞耻心的力量，一个人如果习惯了羞耻，就会任由自己坠落，对一切麻木。在一个地方丢过一次人之后，只有对羞耻极其敏感，我们才绝对不允许还有第二次。这样，羞耻心就会成就我们，我们的命运才会就此反弹。

像这样的表达，加上剧情介绍，对于同样看过这部剧的读者来说，他们对"羞耻心的力量"就会理解得更加深刻，也更有可能因为他们对这段剧情的解读没有我的认知深刻而关注我。

我还看了回归的《歌手2024》，如果用一个词形容，那只能是"惨不忍睹"。

选的歌手一般，唱功也都一般，只能用"现场直播"这个噱头来撑着了。所以，根据我的观感，可以这样做选题：《〈歌手〉回归了，又没有完全回归》。

这个节目再也没有当初"神仙打架"、频频贡献能让人无限循环的热门歌曲的能力了。它在用互联网思维做节目，贡献的都是能让节目火但不能让节目获得高分评价的热搜。

基于此，还可以这样做选题：《用互联网思维做音综，可取吗？》。

对于这两个标题结构，暂时我还不知道如何转化成有用的选题，就在脑子里先存着，等需要用到的时候再提取出来。

再说说其中争议很大的某位歌手。

很多网友觉得，这位歌手能被选中是该档音综节目的堕落，知名乐评人也用"太土了"来评价他的唱腔。如果基于这种评论做选题，我会这样写：《××，就是给"歌手"当炮灰的》。

做自媒体文案不能缺两种东西：争议和共鸣。在读者参与的点赞、收藏、关注、评论、转发这些行为里，评论对于我们文章的帮助最大。在笔记审核专员的评判标准里，它代表读者感兴趣，所以，一篇笔记的评论数在很大程度上决定着后续的推流。

音综也是同样的道理，如果没有争议型选手，人们的关注度、议论度就会大打折扣。所以，从运营的角度看，这位争议很大的歌手就是"炮灰"的定位。

这样分析，具有"娱乐"属性的内容就被我们转成了具有"运营干货"属性的内容，《歌手2024》和这位争议型歌手就都成了我们的道具。

当然，这个角度肯定存在争议，肯定会有持不同观点的人来攻击我。但既然决定从这个角度做内容，就已经预料到了评论的各种可能性。好的，坏的，我们都要照单全收。

这也是我们自媒体人必须自修的一堂课：勇敢面对那些和你观点不一的人，甚至还要学会和他们相处，因为正是这些人为我们的笔记贡献了流量，促使平台一直给我们推流。

写到这里，"与评论区不和谐的声音共处"这一观点又可以衍生出一个选题——《想要在自媒体拿到大结果，这5种心态必须有》，而上述有关勇敢面对读者恶评或差评的内容，就可以作为其中的一种心态被放进去。

第4章 文案灵感来源：敏感力决定创作力

除了热门综艺和电视剧等，我还经常从足球赛中寻求灵感。我之前看过一场比赛，双方实力悬殊：A队进攻犀利，频频杀到对方的禁区，赢得了5个进球；而B队进攻乏力，连对方的禁区都靠近不了，只能最终吞下0∶5的苦果。

在大多数自媒体人的眼里，足球赛跟做小红书没有直接关系，但是我却总结出了这样一段话："那些做小红书厉害的人，就像足球场上的前锋，他们总能轻易就杀进'读者禁区'赢得'进球'，让读者对他们路转粉、粉转铁粉；而不知道'读者禁区'在哪里的博主，无论再怎么努力，也只是像没有进攻能力的球员一样，只能在'读者禁区'外围做一些无效动作，读者对他的文案无感，他的笔记自然就没有数据。"

如果一篇讲小红书运营干货的笔记里有这样的描述，喜欢足球的人会瞬间明白我在讲什么。"读者禁区"这种在其他博主那里看不到的概念，会使其瞬间起鸡皮疙瘩，并且铭记于心。在以后写文案的时候他会不由自主地问自己，这样的选题，算是进入"读者禁区"了吗？如果没有，那么真正的"读者禁区"应该在哪里呢？

博主们带着我原创的这个概念做选题，记住它的同时，也记住了我。

讲了这么多，又是电视剧，又是综艺，又是足球，我到底想说什么？

我想说，一篇小红书文案的灵感来源可以是多方面的，但需要特别注意的是：灵感来源最好尽可能地缩短和读者的距离，让读者觉得"和自己有关系"，这样，笔记被点开的可能性就大大增加了。如果不能缩短和读者的距离，那么就会给读者一种"与自己无关"的疏离感。一旦让读者产生这种感觉，你的文案哪怕写得再精彩，也只会被读者轻轻划过。

最后，我想说的是：作为自媒体人，作为创作者，只要你的灵感开关随时开着，哪怕是在娱乐，也是在摄取灵感。这就是所谓的"沉浸"，把自己全身心地投入做小红书这件事了。无论看什么、听什么，你的第一身份、第一视角永远是"自媒体人"，接收的信息就可以为你所用，成为你涨粉、变现路上的一块又一块坚实的垫脚石。

这一点，毋庸置疑。因为我做小红书的这些年，就是这么过来的。我的很多选题灵感，正是来源于综艺、电影、电视剧以及各种热搜。

我为它们付费、花时间，它们也百倍、千倍地回报我。

2. 把歌词对自己的影响转化成笔记

我的阅读观比较开阔。

在我的认知里，阅读不只是看书，也包括看电影、看电视剧、

· 第4章　文案灵感来源：敏感力决定创作力 ·

看画、听音乐……甚至是与人交谈，或者观察人，我都觉得是阅读。

我以前不知道这种自定义是否准确，但这样做确实对我的写作能力有很大的提升。

直到我看到有位叫"西川"的作家，在一档名为《我在岛屿读书》的综艺节目里也说出了类似的话，我才无比欣喜地坚信，自己是正确的。

而在以上提到的几种"阅读"中，我最喜欢听歌。因为除了诗歌，歌曲可以说是最凝练的语言。

我在听歌的时候，有两个身份：一个是单纯的听众，另一个是"狩猎"的自媒体人。

我既可以享受其中，也可以在看到令我有写作欲望的文字时立刻出手，将它转化为我的写作灵感——主打一个稳、准、狠。

比如，陈奕迅有两首歌，一首叫《十年》，另一首叫《明年今日》。

两首歌的作曲是一样的，不同的是，一首是国语版歌词，一首是粤语版歌词。两版歌词的作者虽然都是林夕，却是截然不同的写法。

前者用词比较直白，后者用词比较隐晦。同样是写旧情人，《十年》里这样写："十年之后，我们是朋友，还可以问候，只是那种温柔，再也找不到拥抱的理由，情人最后难免沦为朋友。"而《明年今日》里却这样写："离开你六十年，但愿能认得出你的子女。"

两版歌词，哪个版本更能打动你？

我现在39岁，如果是10年前，《十年》比较能打动我，因为直白的表达更适合年轻的我。而现在，我更喜欢《明年今日》的写法，因为它给我的冲击感更强。"离开你六十年，但愿能认得出你的子女"，这是多么刻骨铭心的爱啊！

如果爱一个人，默默藏在心里六十年，那肯定是已经无数次地回忆过他/她的面容了，甚至可以说在这六十年里，他/她就是靠燃烧他们两个人的共同回忆取暖的，以至于在街上看到长相和他/她相像的人，都会有别样的欣喜，甚至会在心里想，这会不会是他/她的子女？

假如他们二十几岁相识、相爱过一场，再加上过去的六十年，这几乎是一个人漫长的一生了，却依旧如此念念不忘，这是多么浓烈的情感啊！浓烈到让人光是跟着联想，就像是看了一部经典的爱情老电影。

《明年今日》这首歌，在我的耳边单曲循环了多少遍我已经数不清了，但每次听到"离开你六十年，但愿能认得出你的子女"时，都会觉得这句词写得好绝，都会听出一身鸡皮疙瘩。

跳出歌词，我该怎么把它变成写作灵感呢？

第4章 文案灵感来源：敏感力决定创作力

第一步：分析它打动我的技巧。在《明年今日》里，作者没有写近处的遗憾，而是把时间拉到了年迈时，把它变成了遥远的、一生的遗憾，让这份爱而不得的遗憾更悠长、更具有画面感和冲击力。

第二步：思考写什么样的选题时可以运用这种技巧，罗列5～10种。

第三步：筛选，执行。

事实上，这两句歌词对我的影响可以说无处不在。

我在序言里说过这样一段话：自2005年发表第一篇文章起，我就告诉自己："你不能在往后的岁月里甘心做'棋盘'上存在感最低的小兵，别让年老的自己瞧不起以前年轻的自己。"

那时候，我不理解自己为什么可以做到分别站在年轻和年老的时间刻度去对话。写到这里时，我无比确定，就是受了这两句歌词的影响。

在我的笔记里，像这种"把时间拉长到年老，与年轻的自己对话"的写法更是多到不胜枚举。

比如，我在《这样规划30～40岁的黄金十年，不留遗憾》里这样写："规划好这十年，我们就会迎来自己的黄金时代，否则到了50～60岁，我们就是生锈的废铜烂铁。"

再比如，我在《读书与不读书的人，究竟有什么区别》里这样写:"读书是一个人宣布独立的过程。在读书的过程中,我们与各行各业厉害的人不断对话,也不断思考,对于自己到底想成为以及应该成为什么样的人,越来越清楚;而不读书的人,依靠自己有限的经历、依靠身边人的经验去做判断,岁数越大,越像是一口枯井。"

综上,歌词对我的影响,是意向上的,是画面感上的,是形式感上的。除此以外还有比较简单的方式:学习作词者对于字、词的灵活应用。

比如,方文山给周杰伦写的《东风破》里有这样一句歌词:"一盏离愁,孤单伫立在窗口。"

按照我们常规的理解,灯才用盏,不是吗?一盏离愁?哦,原来是用"离愁"借代"灯",而"离愁"作为主语搭配谓语"伫立",又把"离愁"借代的"灯"拟人化了。

一句歌词用了两种修辞手法,整个画面就鲜活了,无比精致,无比巧妙。

很多写作者觉得自己文笔差,其实就是对修辞手法的运用不扎实,或者对词性的运用太死板,这才导致写出来的文案阅读起来缺少美感。

我平时会在朋友圈练笔,凑够了5～9个自己比较喜欢的句子,就会把它们做成小红书系列笔记《我在朋友圈写的惊艳句子,欢迎你们来围观》。

比如,"秋天,是夏天踩的急刹车,让我们别一下撞进冬天","四月,街边开满了鲜花,像是春天在迎娶夏天"都是我在朋友圈发布之后,点赞100+的小句子;它们被我整理成笔记发在小红书上后,数据也相当不错。

我之所以做这样的选题,就是为了让读者对我的朋友圈产生好奇:他们因为喜欢我的这些句子而想加我的微信,久而久之,我的私域流量就壮大了。

事实上,这类笔记是我的小红书账号里私域流量转化一直比较好的系列笔记;而这些句子的诞生,可能是因为我当时听了某首歌,觉得其中有几句的词语、词性运用得很巧妙,我便有样学样,用比较文艺的表达把当时的感受写了出来。

前几年特别流行一句话:"人生没有白走的路,每一步都算数。"将其套用到这里,应该是:"我没有白听的歌,每一首歌都可以成为我创作的灵感。"

我试过很多次,没灵感时就听歌。当时的我可能在做家务、在洗澡、在海边发呆,我就戴着耳机,任由自己和那些优美的、精辟的歌词自由地交流,写作灵感也就恢复了。

因为总有一些歌词,可以像拨云见日的那只手,一下子就把挡住我灵感的那朵乌云给拨开了,让我创作的天空又重新布满了阳光。

3. 向爆款选题借力，灵感可随时提取

问你一个问题：如果地上撒满了 5 元、10 元、20 元、50 元、100 元的钞票，你能一眼就将它们清楚地分辨出来吗？答案显然是：你能。

因为我们对钞票太熟悉了，熟悉到让我们专挑着 100 元的捡，绝对不会让手里混进哪怕一张其他面值的。

小红书上那一篇篇爆款笔记，也是撒落的"钞票"。很多人之所以不懂、也不会向它们借灵感，是因为他们真的搞不懂这些爆款笔记的具体"颜色"和"面值"。换句话说，很多人对于爆款选题为什么爆，其实是没有分析能力和复制能力的。

在这里，我教大家 3 种既好辨别又好复制的爆款模式，每一种都有其独特的底层逻辑。对这些了解清楚了，你再看那些爆款选题，我敢保证，满地都是"100 元的大钞"，处处都是灵感。

信息堆积型爆款

这一类爆款选题最好识别，因为无论它属于什么赛道的选题，它主打的都是信息量巨大。比如：

(1)《文笔太差的，请翻烂这 50 本书》

(2)《省钱的 10 种方法，每年无痛多攒 30 000 元》

(3)《讲话没有逻辑的,建议你狂看这 100 个 TED 演讲》

(4)《不愧是央视推荐,这 20 部综艺太宝藏了吧》

(5)《这 10 个 PPT 网站赶紧收藏,你肯定用得到》

....

文笔很差的读者,刷到第一个选题时,就会像收到"阅读指令"一样,赶紧点赞、收藏,心里想的是:"哪怕现在没时间看,先码住,以后有时间一定看。"

每年苦哈哈奋斗一年,到头来总攒不下钱的人,看到第二个选题也会果断点开,心里想的是:"10 种方法,总有一种适合自己吧?哪怕攒不下 30 000 元,能多攒下 10 000 元也好啊。"

讲话没逻辑的,心理活动同第一个选题。

第四个选题,因为是央视推荐的综艺,也因为有 20 部之多,读者的心理活动即收藏逻辑是:"太好了,我又可以高质量地打发时间了。"

第五个选题的受众是职场人士,尤其是那些经常用到 PPT 的人。如果这个选题出现在年底,稍微变一变,改成《这 10 个 PPT 网站赶紧收藏,年终奖多少就看它了》,笔记数据会更好。

现在我们获取信息的渠道很发达,只要愿意花心思和时间,这些笔记中分享的信息其实都可以搜索到;但总有部分读者是犯懒的,他们的心理活动是:既然有人替我整理,我负责收藏就好。

顺着这个逻辑，我们可以想出无限的选题，只要锁定一个群体，再满足他们的需求就可以。比如：《瘦身最快的10种方法》《小红书起号最快的5种技巧》《下班10分钟吃上饭，挑战100天不重样》等等。

总之，这类笔记就是：用自己的勤劳，赚懒人的流量。

名人代言型爆款

这种选题的底层逻辑很简单：利用了读者的从众或慕强心理。

这里的"名人"内涵很广，是指在某个领域获得一定成就且被人们熟知、认可的人。

比如，近期在抖音爆火的郭××，为什么能火？我们可以从"人设角度"来做这样一个选题：《郭××的爆火告诉我们：有才和有人设，缺一不可》。

一篇单纯谈"才华"和"人设"对于做自媒体的帮助的文案，其受众可能是1万+；但有了郭××的爆火效应，我们借助他的热度聊"才华"和"人设"对于做自媒体的帮助，受众可能就会变成100万+。

同样，在做书单推荐时，无论你推荐的书多么好，哪怕加了"提升文笔、锻炼思维"的功能，它的受众可能也就1万+；但如果同样的书单，是来自一个名人的微博呢？它的受众可能就会变为 10 万＋，甚至有可能疯长到 100 万＋。

"做选题"和"做生意"在本质上是一样的。如果我们可以利用一些技巧让自己去做 100 万人的生意，就没必要只做 1 000 人的生意，对吗？

解决问题型爆款

不管针对哪类受众，只要你有足够的洞察力，都可以挖出一堆问题。

以新手宝妈为例，她们最关心什么问题？

"宝宝周岁体检都检查什么？"

"宝宝胀肚怎么办？"

"宝宝吐奶怎么办？"

"宝宝总在半夜两三点哭醒是什么原因？"

"宝宝厌奶期如何度过？"

"宝宝红屁股怎么办？"

"宝宝起红疹怎么办？"

"宝宝大便颜色不正常怎么办？"

…………

只要我愿意，这样的问题，我可以列举不少于 100 个。不只是因为我刚有过新手宝爸的经历，更因为我深刻体会过面对这些问题时的迷茫和束手无策。当时的我，多希望能有个经验丰富的人，告诉我这些问题的标准答案。

如果 10 000 个宝妈看到一个母婴账号里都是这种她们现阶段很关心、也急需标准答案的"解决问题型"笔记，你猜会有多少人瞬间关注这个账号？5 000 都说少了，6 000 有可能，7 000、8 000 也很有可能。起码，我肯定是其中之一。

所以，在理想状态下，不用前面两种，只做"解决问题型"选题就完全可以撑起一个账号。而且，如果你对一个群体研究得足够深，就会发现他们面临着一个又一个问题，你永远在解决问题的路上。

问题之后还有问题，他们可以跟着你的账号一起成长。只不过你要保证的是，你的成长速度永远要比读者快一步。

4. 学会利用你听到、看到的关键信息

我平时经常会和我妈打视频电话。

刚刚，在视频电话里，她又和我说了一个八卦：同村的一个女生，去年离婚，今年又再婚了——离婚原因是男方很喜欢玩牌，输了许多钱，多到小两口卖了车和房子都填不上大窟窿的那种。结果今年刚结婚的这个也喜欢玩牌，管都管不了。

我妈说她："你这是从一个坑里跳到了另一个坑里呀。"

她回我妈："婶儿，这可能就是我的命，我不喜欢那种特老

实的,但是不老实的又有几个踏实过日子的呢?"

听我妈说完,一个选题浮现在了我的脑海里:《女人选配偶的眼光,就是她的命运》。

二十来岁时,我不相信大人们所说的"婚姻,是女人的二次投胎",但旁观了很多女性的婚姻走向后,我发现,这句话简直是至理名言:配偶选好了,你的下半辈子会过得很舒服;配偶选错了,你的下半辈子会过得很痛苦。

不止女人,男人其实也一样。

我结婚比较晚,35岁才结婚。恋爱没少谈,但总觉得离走进婚姻还差点什么,直到遇到我的妻子:我们两个决定在一起之前聊了很多很多,聊对未来的期望,聊彼此想过的生活,聊日常喜好,等等。

她希望,哪怕有一天不上班,也不用为日常开销发愁,我正好在酝酿离开职场自己创业,这才有了我们后来的默契,裸辞离开北京,一起做自媒体;她希望,每年能多一些时间回老家陪爸妈,而现在,她带着娃在老家玩得乐不思蜀,我在青岛独自创作这本书;她希望,哪怕手里再没钱,也要有至少6个月的房贷保底,我就努力赚钱,赚了就转给她,同时,我自己手里还留着6个月的房贷,给足她安全感;她不想在我和她的老家定居,我们便在另外的4座城市长沙、武汉、西安、青岛中选择了青岛。

身边的很多朋友，眼看着我们脱离了职场，却过得越来越好，都说她旺我。

没错，她旺我，我也不想辜负她。我们在这段婚姻里，互相照亮对方。

我们的经历，也可以写成选题：《女人选配偶的眼光，就是她的命运》《男人选配偶的眼光，就是他的命运》《你选配偶的眼光，就是你的命运》。

如果做三个账号，一个女性视角，一个男性视角，一个中立视角，一鱼三吃，是不是都可以？

今天中午，我去菜市场买菜。路过红绿灯时，看到一位外卖小哥赶紧从后备厢里拎出一桶水咕咚咕咚灌了1/3。那个桶不是大桶矿泉水的桶，而是家里面用来装油的那种桶。

我瞬间被这个画面触动。

这个画面正好应了那句话："普通人，光是应付生活，就已经花光了所有力气。"

他是干什么的？是给别人送一日三餐的，但他可能连自己的午餐都没办法保证。

记得曾有带货达人趾高气扬地质问普通人："哪里贵了？这么多年都是这个价格……有时候要找找自己的原因，这么多年了工资涨没涨，有没有认真工作？"而外卖小哥猛灌水的画面，对于这样的人、这样的总结感悟，不就是最好的反击案例吗？

只要我们平时多留意，这类触动人心的案例，在生活中比比皆是。

再比如，我最近打算换房，于是频频约中介看房。约了至少有 30 个人，只有一个人是专业的。我们且不说专业的人如何专业，我们先说说不专业的人如何不专业。

中介 A，我在约她之前，就明确了我的诉求：现房，三室或四室，预算多少也跟她说了，位置要在某学校的片区范围内。

她嘴里说着"好的好的"，但等到真正开始看了，只有一套房符合条件。其余的要么是口碑不好但中介费给得高的期房，要么是没有学区和其他配套的现房，要么是预算超出很多的大平层或叠拼别墅。

这么多不符合要求的房子，我为什么还跟着她看？我就是想看看，她带我看这些并不符合我的诉求的房源时，如何跟我解释。结果，她全程没解释，好像已经忘掉了我当初的诉求，并且还一直跟我念叨，现在做中介的不容易。

在回家的路上我就把她的微信删除了，但忘了拉黑，给了她机会重新加我："哥，您为什么删除我呀？我哪里做得不好您直接说呗！"

我想回复她一些什么，但想了想，还是算了。

中介 B，带我看的房源倒是都在诉求内，但当我问他"这个户型的公摊是多少？""这个卧室的大概面积是多少？""小区旁边的空地是怎么规划的?""如果不买车位,可以租吗?"等基础问题时,回答都是统一的:"这我真不知道,我要给你问问。"

其余的二十几个,几乎都和中介 A、中介 B 一样,不专业得像是同一家公司的。

卖房可是你们赖以生存的技能啊,带看都不专业,做什么能专业呢?这样不专业的中介,让人怎么放心把单子交付给他们?

说完了不专业的,再来说说专业的。

中介 C 见到我时,先是递给了我一个文件夹,里面有 5 份资料清单,分别印着 5 套房子的户型图。为了方便我对房源有清晰的了解,她还特意在上面手动标注了每个空间的面积,以及哪堵墙不是承重墙,可以动。

公摊面积、物业费、电费、燃气费、周边配套等信息更是都标注了出来。

这样的中介,给我的第一印象就是俩字:专业。她的形象一下就和那些中介 A、中介 B 们区分开了,接下来的每一步更是展示出了她为什么能在如今的下行市场一个月卖出 8 套房。

在看房的过程中,面对我的问题,她基本都能对答如流。也有不知道的,但是看完房子分开后不到半小时,她就给我打电话,告诉了我准确答案。

在之后的沟通中,她更是特别坦诚地和我说:"如果您不是着急住,不是孩子着急上学,我建议您现在别买,因为现在确实不是好的入手时机。像咱们今天看的房子,因为未满两年还有额外税费,等它满两年了,大概还会有十几万元的下降空间。现在虽然明面上都是房东包税,但是这个钱肯定是羊毛出在羊身上。"

事前,准备充分;事中,知无不言;事后,真诚建议。这样的中介,才是专业的中介。

我表达了对她的认可,说:"好的,不急,就听你的,我们等满两年了再说。放心,我决定出手的时候肯定还会找你,因为你让我看到了专业。"

结束了这段时间的看房,我脑子里总会回想起那些中介。

中介 A、中介 B 们总把"做中介好难啊"挂在嘴边,其实无非"一份普通的工作被他们做得更普通了",便和成交无缘了;而那个专业的中介 C,全程跟我没有一句抱怨,并且"把普通的工作做得极其不普通",所以成交便都流向她了。

如果"把普通的工作做得极其不普通"被提炼出来,作为一篇结构为"总分分……分总"笔记里的"分",我们完全可以做一个这样的选题:《比你收入高的那些人,不过是做到了这 5 点》。

如果这样的选题被中介 A 看到,她就会瞬间明白我为什么删除她了。因为她完全属于低效、无效带看,丝毫没有用户思维,谁愿意再跟她浪费时间?

以上，我们讲了3个故事，分别是妈妈的八卦、路边的所见、与中介看房的经历。

第一个，直接诞生了3个选题；第二个，引发了一些感想；第三个，除了诞生了一些感想，由此倒推出了一个选题，还让我在审视别人专业与否时，也提醒自己，做事一定要专业。

我们的眼睛和耳朵，都是我们接收信息的渠道，这些信息经由脑子处理，总会有一些感想留存下来：或者是句子，或者是直接的选题。

因此，但凡我们保持着一个创作者的敏感度，又怎会有灵感枯竭的时候？不存在的。

5. 让思维杂交，更能摸到创作的本质

"让思维杂交"的运营、写作概念之所以能产生，是因为，我在大学时期看了不少作家那多的小说。他的小说有一个很奇妙的结构：在开头引用两篇毫不相干的新闻，但是在小说里会把它们巧妙地结合在一起，让你看得欲罢不能。

当时的我觉得这种创作方式太酷了，便把它铭记于心。

后来，我写小红书文案也深受这种创作方式的影响：我总是能从一件和小红书运营毫不相干的事情发散思维，最终落到

小红书运营上去，但是我又能建立合理的关联，所以我的很多表达都能让读者觉得茅塞顿开——原来还可以这样理解做小红书这件事！

比如，让我的单篇笔记创造50万+阅读量、涨粉1.7万的那篇笔记《像做杂志一样做小红书，你就能领先80%的人》，我就是用做杂志的思路帮大家重新捋了一遍做小红书的思路，很多做小红书有卡顿的博主便觉得自己的运营观和写作观都被点亮了。

从封面来说，杂志名的排版位置、字号、字体都是固定的，只需要每期换一张不同但风格一致的封面图片。做小红书也可以这样：高度统一的风格，会让整个账号看上去特别美观、专业。

从发行周期来说，杂志有半个月、一个月、两个月、三个月一期的，这是它的出版频率。

小红书也有自己的发布频率，不过要更高频一些。你可以是8篇/月、12篇/月、20篇/月。重要的是，固定了某个节奏就要保持住，让读者养成蹲守阅读你的笔记的习惯，最好能固定在一个时间段发布，比如18：00—20：00或者20：00—22：00。

为什么是这两个时间段？因为这个时候，大部分人才有大段的时间刷手机，你的笔记被看到的概率要比平时高出很多倍。

如果用电影上映来比喻，这个时间段就相当于过年时的贺岁档。现实中，很多大导演都会来争取这个档期。因此，我们最好也不要对自己的作品过于自信，选择一个不佳的时间段来发布自己的笔记。

从内容维度来说，一本杂志一般有8～15个栏目，其中大部分是固定栏目，极少数是流动栏目（有好稿子就上这个栏目，没有好稿子就不上这个栏目）。这样做"进可攻、退可守"，既可以保持杂志调性，稳住一批固定的读者，又可以拓展一部分新读者。

小红书账号也应该这么做。有了固定栏目，对于博主来说既是制约也是保护。你的账号不能真的"野蛮生长"，只有在这个半径范围内做内容，你才能用有限的精力发挥自己无限的影响力。流动栏目则可以保持账号的新鲜感，时不时地给读者一点不一样的东西，以防他们审美疲劳，还可以拓展自己的其他可能性。

从内容准备来说，杂志要提前做内容。假设现在是2024年6月，杂志编辑现在已经在做8月、9月、10月的内容了，而6月的内容，可能是2月、3月、4月就做好了的。只有这样，才能保证杂志能每年有序、保质、保量地出版。

我做小红书，也一直是坚持提前做内容的。我的备份文档里，永远有不少于10篇已经完成的稿件等待发布。这样，哪怕有突发事件，导致我没时间写新的笔记，我也能保证我的账号不会断更。我的待做选题更是多到几百个,我每次创作新笔记的时候,只需从这个选题库里优中选优,选择自己当时很有创作欲望的去写就可以。

从杂志营收来说,杂志的封二、封三、封底都可以是广告位,杂志社除了赚杂志销量的钱,还可以通过接广告创收。内容决定它们的销量(流量),销量(流量)越高,广告费也就越贵。

我们做小红书账号,也是同样的道理。我们做内容的目的之一,不就是把流量和粉丝做起来,吸引很多品牌方找到我们进行产品推广合作吗?和杂志不同的是,小红书账号既可以单靠接广告就活得很好,也可以靠接广告和做知识付费课程同时创收。这个时候,那些愿意为你的内容买单、因为认可你的能力而选择向你交学费的学员,就弥补了广告收入的不足。

这样从封面风格、发行周期、发布时间、内容栏目、内容准备、变现营收 6 个维度对比下来,你是不是也觉得,做小红书账号和做杂志的相似度太高了?认识到这些之后,做账号的思路是不是也就更开阔了?

我之所以能做出这个选题,是因为我有其他博主没有的经历:我从大学时起就做过很多杂志的兼职编辑,毕业后我又先后入职了几家我大学写稿时合作得还不错的杂志社,所以对于杂志的制作流程也很熟悉。

把做杂志和做小红书进行"思维杂交",合情合理,也很能说服人。

我的这篇笔记,打腹稿用了很长时间,但真正坐到电脑前把它写完,只用了一个小时。但写完后,又放了几天,修改了几遍,我才发布。

老实说,在这篇笔记发布之前,我不觉得它和我的其他笔记有什么不同。但就是这样一篇笔记,发布之后,数据蹭蹭上涨:没过半个小时,就达到了点赞、收藏、评论的3个99+;私信我、想要和我建立联系的人,更是多到我无法想象。

当晚,因为这篇笔记,我和读者互动到凌晨两点多。过了零点后,甚至有很多海外的同胞找到我(小红书在海外的影响力也是很强的,尤其是在留学生群体中),包括但不限于日本、韩国、马来西亚、新加坡、加拿大、澳大利亚、阿根廷、美国的留学生。除了这些读者外,还有几所世界排名前20的大学的商学院找到我,想采访我对于小红书以及自媒体的看法。

以前,总听说有的博主可以靠一篇爆文改命,但是我对此半信半疑。等到自己真的成为这样的幸运者时,我才深信:做自媒体,做小红书,真的给了我们普通人以往没有、以后也不知道还有没有的改命的机会。抓住了,你就能在3～5年内崛起;抓不住,就只能泯然众人了。

能做出这种"让思维杂交"型选题,十倍、百倍地扩大自己的影响力是最好的；如果做不到，采用前面提到的几种常规型创作方法，一小步一小步地前进，也会聚得丰厚的收益。

这不是也许，而是肯定。因为我用5年，用5个账号验证过了：做小红书就是给自己打工，就是投入成本最低的轻创业，做好了这件事，一年的收入真的抵得上你在职场折腾3~5年的收入；并且，这个过程中的成长，也是远超职场的。

6.边读书边思考：做选题最快的方式

年轻时，我读书比较慢，也比较笨，常常是看着后面的就忘记了前面的，于是只能又翻回去看。结果就是，一本书读完却好像没读一样。

初中时，我的语文老师用一句话总结过像我这样的学生："水过地皮而不湿。"

如果你也是这样，不妨参考我后来领悟的方法，让自己在读书时"锁住水分"。

后来，我读书时，每每读到让我有触动的文字或概念时，都会用笔在下面画一条线，并且任由思绪跳跃，衍生出很多对我创作有用的东西。

我最终能否记住书里的内容不重要，我能记住我的思考才重要。

比如，我随机翻开书架上一本书中的一页。

李筱懿在《自在》第 14 页这样写道："有句话叫'吃亏是福'，我特别不认同。"

刚好，在这一点上我和她是同频的，我也对此十分不认同。于是，读书可以暂停，我要让自己充分地想一想：不认同这句话的我，究竟是过得更好还是更差了呢？

在思考的过程中，有无数的经历从我的记忆里涌现。其中，但凡有一次我没有为自己争取，而是接受"吃亏是福"的理念，就注定只能吃哑巴亏。所以，我的答案是"过得更好了"。

思考过后，读书继续。如果在接下来的阅读过程中，李筱懿也总结出了类似的句子，那证明我和她的写作水平是相当的。反之，便收获了一份自我认可。

所以，阅读既是审视自己的过程，也是肯定自己的过程；而从提炼出来的金句中，可以随时倒推出一个选题。

我随机翻开下一本书：川上彻也的《好文案，一句话就够了》。他在本书的第 53 页提到一个写文案的技巧——"将错就错"。意思是，有时文案创作的逻辑是错的，但我们将错就错的冲击力，反而更强，也更能带动销量。

为了方便大家理解，我把其中的一个案例拿过来：

普通文案：相当接近橘子的味道。

范例文案：比真正的橘子还有橘子味。

这是芬达橘子汽水在日本推广时的文案。按照正常的逻辑来说，它就是碳酸饮料，里面根本没有橘子成分，味道怎么可能会比橘子还有橘子味？

但正是这样"将错就错"的表达，在芬达橘子汽水和橘子之间画上了等号，甚至是大于号，消费者便会顺着文案的逻辑产生好奇心理，继而促成购买。

我们继续发散思维。如果我们想推荐一款只有3 000元的儿童安全座椅，是不是也可以这样做选题：《这款3 000元的儿童安全座椅，比10 000元的更好用》？

逻辑成立吗？也成立。因为在我们的消费环境里，本来就有物美价廉这个说法。

你看，这个阅读过程，让我们学会了一个"将错就错"的文案创作概念，并能尝试着举一反三，这就是有效、高效的阅读。

我接着随机翻开第三本书，余华的《兄弟》。

这本书，我在大学的时候读过一次，讲的什么故事，已经忘了；但记忆告诉我，我很喜欢它，于是，我又买了一本。随手打开第229页，我被其中的一段描写吸引："刘作家开始把他办公桌上的文学杂志借给宋钢阅读了，他拿起一本《收获》，小心翼翼地用袖管擦干净上面的灰尘，又当着宋钢的面，一页一页地检查了一遍，说这本《收获》没有一个地方是脏的，也没有一个地方是破的。他告诉宋钢，读完后还给他的时候，他要一页一页地检查。"

如果你对余华也足够了解，就会知道他的第一部长篇小说《在细雨中呼喊》就发表在《收获》上；他还有很多得意的短篇小说也发表在《收获》上；所以，他对这本杂志是有感情的，在适合的时候，把对《收获》的爱写在书里，是出于他的私心。

除此以外，这段文字更是把一个文人对于文学杂志的爱写得入木三分。我特别能理解他的这段描写，因为我对待杂志、图书也是这样：我宁愿再买一本新的送给别人，也不愿意把我的借给别人阅读。

什么叫"写作来源于生活"？这就是了。

我们在平时的生活中，一定要留心内观自己的行为、想法，遇事多想一想，自己为什么那么想，又为什么那么做，将灵感暂时搁置在心里，或者存档在临时文件夹里，指不定什么时候就能派上用场。

因为那是你的亲身经历，所以读起来更加真实，也更能打动人。

我接下来随机翻开的第四本书，是黄启团的《别人怎么对你，都是你教的》。

在解读这本书中的内容之前,我们先聊聊这个书名。我个人特别喜欢这个书名,是因为这个书名足够简洁、有力。

在我们的普世价值观里,也有类似的话,比如"看人下菜碟",但没有这个书名这么直接——它是完全把别人如何对待我们,全部归因在了我们自己身上。

虽然稍显偏激,但我们需要这样的刺激。因为,如果无论别人怎么对我们,我们依旧学不会用不同的方式与之相处,学不会保护自己,我们就只有挨欺负的份儿。

说完书名给我的感触,我们再随便翻开一页,第84页:"如果你能把适度的焦虑转化为行动力,那么焦虑也会变得有价值,不再是消耗你的能量,反而会成为一种推动力,推动你采取行动,去成为更美好的自己。"

这句话和我的价值观也比较一致。在以往的小红书笔记中,我也有过类似的表达,但只是作为一个句子,存在于某个选题中。再在这本书里看到这段话,我觉得关于"如何与焦虑相处"完全可以作为一个独立的选题。

现在的人都太焦虑了,他们因此失眠、抑郁、自我否定……长期的负面情绪,会导致身体或心理出现大问题。

因此,可以做这样一个选题:《我和焦虑相处的方式:把它当队友,而不是对手》。

这样做选题,并不是要"扮演"一个心理强大的人,而是为了抚慰读者。而且我觉得，我要是真的把焦虑当成队友，也会让我的内心变得更强大。

我和妻子在北京工作时，月工资加起来有5万元，但我们说裸辞就裸辞了，一点退路都没给自己留。如果不是内心强大，我们能做出这样的决定吗？

我们进行自媒体创业的第一年，全年收入不及我们北漂4个月的收入。面对这种巨大的落差，内心不强大能挺得过来吗？

我在做第一个账号的时候，废掉了5万字，一个点赞和涨粉都没换来。如果我的内心不够强大，能坚定地继续走这条路吗？

在同时做5个账号的过程中，起码有几十次都是兴高采烈地完成了一篇笔记，本以为要大火，发布之后却数据平平，甚至有的连10个点赞都没有。如果不是内心足够强大，我们能把各个账号的粉丝总数做到50万＋吗？

在自媒体创业的这5年里，每一个阶段都有不同的焦虑。如果我做不到与它和平相处，它早就把我一口一口吞掉了。但现实是，我反而活得越来越好。这就是因为，我没有把焦虑当对手，而是把它当成队友。

每次焦虑来袭，我都会认真地去研究并拆解它，弄清楚焦虑到底因何而起，然后寻找应对方法。问题解决了，焦虑也就不存在了，而我也变得越来越强大了。

我们每天都会使用手机，手机电量不足了，我们会立刻充电。作为人类，我们经常会有"电量不足"的时候。我们的充电方式有两种：一种是，大家每天都会做的"吃饭"；另一种是，很多人知道但不怎么做的"阅读"。

阅读，曾反复拯救过我——在我斗志低迷时，在我看不清很多事的逻辑时，在我对一些事情产生怀疑时，在我需要精神力量而在别处没办法获取时，尤其是在我一次次写作灵感枯竭时。在我短短的 39 年人生中，我从未遇到过什么贵人。但很庆幸，我遇到了很多好书，它们共同组成了我的贵人，成就着过去、现在以及将来的我。

第5章 金句打磨技巧

总结力决定传播力

· 第 5 章　金句打磨技巧：总结力决定传播力 ·

1. 好的金句，为什么能一句顶一万句

你有没有读到过那种句子，它虽然只有短短几个字，或者十几个字、几十个字，但你读到它的感觉丝毫不亚于一部好电影、一本好书带给你的震撼。

这种句子就是好的金句，它可以做到一句顶一万句。

这种句子，我们在广告语里见过，在书里见过，在抖音评论区见过，在歌词里见过，在人物访谈中见过，在各种名人演讲里听过……

它们的来源很广，但都有同样的特质：极度凝练，有很强的感染力和穿透力。

比如，我看到过一款酒的广告语：把所有一言难尽，一饮而尽。

毫不夸张地说，我看到这句话的瞬间，感觉灵魂都被深深击中了。

这句广告语的好是全方位的，它仅仅用 13 个字（带标点符号）就把产品特性、产品定位、用户画像都表达得非常透彻。这些信息压缩在一起，就像是高速发射出的子弹，具有极强的冲击力。市场调研力、心理洞察力、文案总结力，缺少其中的

任意一点，都呈现不出这种效果。

这款酒的产品特性是味道烈，这本不是一个好的卖点，因为喝酒的人都不希望喝的时候难受，喝完后反胃又上头，但如果把用户画像定位为生活压力很大的中年人呢？味道烈的卖点反而从"缺点"转变成了"优点"，因为大多数中年人的心里有太多的压力和委屈，不知道向谁倾诉；即使倾诉也没用，还不如借着烈酒一醉解千愁。

中年人看到这句广告语后，会有什么感受呢？答案是：它懂我。

与其说中年人是为广告语买单，不如说是为自己的情绪买单。

一句广告语就能让潜在用户和自己产生关联，而且还是这种情绪上的强关联，简直赢麻了。

如果你是这款酒的老板，你愿意花多少钱去买这句广告语？如果是我，无论多少钱我都愿意给，因为这句广告语一语三关，而这一点，可能是100个金牌销售都做不到的。这种一字千金的广告语，可遇不可求。

我们在小红书上经常看到这样的选题《不愧是××，每一句都是顶级文笔》。

这里的××，可以是鲁迅，可以是史铁生，可以是余华，可以是莫言，可以是莎士比亚，可以是加缪，可以是拜伦，可以是萧伯纳,可以是王尔德,可以是罗素……可以是任何一位优秀、知名的作家。这样的笔记,爆款率很高很高,为什么?

因为博主把一个作家写过的最漂亮的句子集结在一篇笔记里,就像是把最骁勇善战的士兵集结在了一起,那种战斗力是很惊人的。我们会因为被一个作家的文笔吸引,而想去读他的所有作品;就好像,我们偶然听到了一首陌生歌手唱的歌,觉得很好听,便会找这个歌手的其他歌来听一样。

事实上,我在读很多作家的作品之前,都是先读到了他们写下的惊为天人的句子,觉得这些作家太有趣、太有思想、太有魅力了,于是一股脑地买了他们的很多书。

一个作家的金句,就是他的图书的最佳"销售员";一个博主写在笔记里的金句,就是他的账号的最佳"销售员"。我会因为读到作家的几个金句而买下他的几本书,读者也会因为读到我写在笔记里的金句而把我的其他笔记都翻一遍。

我最近一次被抖音视频下的评论感动到泪崩,是因为这句话:"如果可以一命抵一命的话,医院的天台上一定站满了排队的妈妈。"

那个视频讲的是,一对爸妈因为女儿得了一种罕见病而卖房、卖车,到处借钱给她看病,尽管最后散尽家财,但也没能留住她。本来看完视频,我已经泪眼婆娑,点开评论再看到那句话,眼泪终于吧嗒吧嗒地砸在了手机屏幕上。

当了爸爸后，我无比理解蔡康永说过的那句"孩子，是我们在这个世界的人质"。如果这个世界以孩子为"要挟"，父母是可以做任何事的。父母不怕被"要挟"，怕就怕倾尽所有，也救不了孩子。

所以，看到这句话，想到很多孩子生病、父母却无能为力的画面，我的情绪真的被带动了，瞬间失控了。

好的金句，可以瞬间把你拉进痛苦的深渊，也可以让你瞬间感觉春风拂面，还可以让你感觉到被理解、被治愈、被需要、被呵护、被鼓励……

我曾策划过很多以金句为标题的选题，比如：《有一种孝顺叫"用嘴孝顺"》《父母哭穷，是给孩子最可怕的传染病》《回家过年，就是给父母最好的年货》。

这些选题和金句，都是怎么来的？

先说"用嘴孝顺"这个，它是我看电视剧《都挺好》时产生的灵感——远在美国、对家庭照顾不到的苏明哲，突然收到妈妈去世的消息，回家奔丧却谴责陪在妈妈身边的苏明成照顾不周，呵斥既出钱又出力的苏明玉不会做儿女，好像他既不出钱也不出力，只需动动嘴，就成了那个最孝顺的孩子，多可笑？

由此，我联想到从小到大看到的很多用嘴哄得父母乐呵呵、实际上既不出钱也不出力的儿女。再加上当时马上就是母亲节，我预料到很多人又要开始在朋友圈秀孝顺了，于是策划了这个选题。

选题发在我当时只有500粉丝的公众号上，创造了3万+的阅读、2 000+的转发和300+的留言。这些数据证明，它触动了很多人的情绪，也证明了这个选题的成功。

"父母哭穷"的选题，是我从投稿邮箱里筛选出来的稿子。其实，它原本的标题不是这个，而是表述比较直接的一个标题，大概类似于《那些在父母哭穷下长大的孩子，后来都怎么样了》。文章写得还不错，按照我的标准可以得60分。我亲自操刀修改，换了标题，替换了其中的一个案例，加了几个更有感染力的金句，调整了整篇文章的阅读节奏。

文章发布后，很快就吸引了几个百万粉丝公众号的转载申请；在我当时只有200+粉丝的公众号上，阅读量也有2万+；在很多转载的大号上，都是百万级的阅读量；最后，它成为一个千万级阅读量的作品。

如果用原标题发，它就是很普通的讲原生家庭的观点文，对于读者的吸引力可能就是60分；但是，我把"父母哭穷"定义为了"传染病"，而且是"最可怕的传染病"，这样一改，对于读者的吸引力可能就是90分，直接产生了质的变化。

两者相比，前者的阅读量破1 000+都不容易，但是后者却轻松突破了千万阅读的量级。

再来说"回家过年"，它是我在一次聚会上"捡"到的选题。当时是2019年底，我被同学邀请去他家喝酒。席间，我问同学的舅舅，小乾（同学舅舅的儿子，我们也很熟）怎么没来啊？舅舅不是很开心地说："和女朋友去丽江过年了，倒是给我们寄回来很多礼品。父母想要的哪是孩子的礼品啊？孩子回来比什么都强。"

一瞬间，《回家过年，就是给父母最好的年货》这个选题就闪现在脑海里了。我赶紧在我的作者群里问，这个选题谁能写？

有个写手说她可以，我便单独跟她交代了写作注意事项。这篇稿子写得很好，因为她也有在外漂泊的经历，每年能陪父母的时间有限，有感而发让她一气呵成。

这篇稿子也是发在了一个拥有百万粉丝的大号上，阅读量10万+。好在当时她写得够快，我们投稿也快。要是再晚一点，回家过年因为疫情受阻，这个观点在那个特殊的时间节点就变得不再合适了。所以，有了好的想法一定不能拖着，要尽快行动，转化为作品。

在上文中，我们提到了很多类型的金句。无论哪种，它们都具有很强的传播力。这个传播力，来源于两个方面：一方面是创作者对于内容受众群体的洞察力，另一方面是创作者超强的文字总结力。它们合二为一，凝结成一个富有穿透力的观点型句子，便产生了一句顶一万句的功效。

无论是传统写作，还是新媒体写作，其实都是信息分享。

信息分享的最大特征是什么？就是这三个字：传播力。想要你的作品在读者的脑海中留下深刻的记忆点，写出金句是最好的方式。金句就像我们画龙时的点睛动作，有了它，整个作品就活了。读者不可能记住我们的一整篇文章，但是记住其中的几个金句还是比较轻松的，尤其是那种在表达、立意上有别于其他作者的观点型金句。

金句之于作者，就像音色之于歌手，一旦被读者记住了、喜欢上了，读者也就会彻底迷恋上这个人。

2. 金句的三大作用及具体诞生过程

你有没有因为一句话关注过一个博主？这种事情在我身上经常发生。

有很长一段时间，我都没有刻意去思考为什么有的句子能蕴含那么大的能量，可以轻易就将我"俘获"。直到后来我决定写这本书，我开始有意识地去归因，才发现金句原来有这三大隐藏作用。

让读者与自己成为情绪共同体

我曾经在一篇笔记里写过这样一段话："每个自媒体人，都需要自己走一段又长又黑的路，这段路就像《桃花源记》里写的，一开始是'山有小口，仿佛若有光。便舍船，从口入。初极狭，才通人。'很久很久之后才是'复行数十步，豁然开朗'。"

这段话，收获了很多人的好评。他们纷纷在笔记下面留言：

"老师，还真是这样，我就是因为'仿佛若有光'才坚持下来的。"

"老师，我能把账号做起来，真的是舍了好几条船呢。"

"'初极狭，才通人。复行数十步，豁然开朗'，作为过来人，突然看到这句话，既心酸又有成就感，感谢自己没放弃。"

"我的自媒体之路才开始，才走了几步，我还要继续走下去，复行数十步、数百步都没问题，我要一直走到豁然开朗的那一刻。"

有人说："这世上没有真正的感同身受。"我不认同这种说法。

无论我们是什么身份，正在经历着什么，肯定不是这个世界上"独一份"的存在。我们能将自己的真实感受写出来，自然会有人感受到，我们是情绪共同体。

这个情绪共同体，可以包含喜怒哀乐，也可以包含感动、迷茫、焦虑、自卑等等。

只要你让读者在读你的文字时，就像在读他自己，你就赢得了他用情绪为你的文案投出的一票（点赞、收藏、评论、关

注)。像我在前面引用《桃花源记》里的文字来表达我做小红书的心理历程，不就收获了很多人的感同身受吗？

增加文章记忆点，扩大传播半径

我们听歌时，常常会对某首歌里的某句歌词念念不忘。

歌曲，是大众传播；自媒体文案，也是。

作词人在写一首歌词的时候，会刻意打磨那么几个"金句"，增加这首歌的记忆点。这几个金句在提高了它的格调的同时，也扩大了这首歌的传播半径。

我们自媒体人也应该培养这样的写作意识。

一首没有亮点的歌，注定要成为无人问津的作品；一篇阅读起来毫无波澜的小红书文案，也是如此。

比如：我们聊"自媒体人在起号的过程中频繁更换赛道"这件事，你如果写"没有能力，在哪个赛道都获得不了成绩"，别人阅读的时候，就会觉得这样的表达绵软无力，就算能入读者的眼，也未必能入读者的心。但是如果我们这样写呢？"做自媒体频繁更换赛道却没结果的人，跟不会游泳但频繁换泳池的人没区别。"读者看到这里，就会有种被刺痛、被唤醒的感觉。

为什么会有这样的效果？因为文字都是有力量的，而它们的力量有轻有重。前者，就像是你用一根手指轻轻点了一下对方的额头；而后者，像是你用拳头重重地给了对方一击。

我们写文章，不是在跟读者闹着玩，更不是扯闲篇，而是要让读者感觉到我们字里行间的力量。所以，我们的文章里最好时不时地穿插一两句这种犹如重拳的句子，让读者感觉到刺痛，他们的认知才会被唤醒，行为才会被改变，人生才会有不一样的颜色。

展现一个作者的温度和态度

像我在本章开头时所说的，我经常会因为一个句子就给一篇笔记点赞，或者关注那个博主。作为读者的我有这样的阅读行为，不用怀疑，别的读者肯定也有。

前一段时间，有一个 36 岁的男子去淄博游玩，恰好遇到了一个落水的人。他毫不犹豫地跳下去施救，落水的人是救上来了，他却牺牲了。

有很多博主针对这件事发表自己的观点，我却只点赞了一个博主的笔记，因为他的观点和别的博主都不一样。别人都是千篇一律地歌颂施救者的英勇行为，我点赞的那个博主，只用一句话就让我泪目了："他是救了一个家庭，可是他的家庭却陷入了深渊。"

那些只懂得歌颂的作者，是站在"被施救者"的角度。我点赞的那个博主，却是站在"家属"的角度，他能共情到家人失去顶梁柱的切身之痛。他的这个观点后面，有读者给出了比较中肯的建议：如果不能确保自身安全，建议不要盲目施救，

第5章 金句打磨技巧：总结力决定传播力

这种一命换一命的结果，你的家人真的承受不起。

这个博主很好地诠释了一个创作者应有的温度和态度，不人云亦云，不拾人牙慧，有自己的思考，并且温暖、中肯、入心。

说完了金句的 3 个作用，我们再来聊聊它们的具体诞生过程。

第一句，我引用《桃花源记》中的句子，描写了我做小红书的心理历程。这是最常见的金句写作手法之一：在原有金句（文章、成语、概念）的基础上，引申出其他意义。

比如：上学时学《小猫钓鱼》，我们都会笑它，怎么干什么事都是三分钟热度？长大后我发现，我竟然不知不觉地成了那只小猫。意识到这一点后，我就再也笑不出来了。

前段时间大火的、刺痛无数大学生的那句"高学历，是大学生脱不掉的长衫"，也是同样的道理。它是建立在对孔乙己这个人物的解读之上，而后延伸到大学生的处境——100 多年前，孔乙己脱不下的长衫，是他以自欺欺人的方式维护的"读书人"的体面；而今天大学生脱不下的"长衫"，是他们对职业定位的固化思维，是传统教育观念隐藏的职业偏见，是社会舆论对高学历人才的"软绑架"。

这样写金句的好处是，有一部分内容是大家都熟知的，你不必做过多的赘述，但是解读却可以大大超出读者的预料，给人一种强大的视觉和心理冲击，看过就忘不掉。

第二句，"做自媒体频繁更换赛道却没结果的人，跟不会游泳但频繁换泳池的人没区别"，这也是比较常见的金句写作手法之一：用类比让人认清事物的本质。

想要写好这样的金句，一定要精准地找到本体和喻体之间的强关联。如果暂时做不到复杂的、深刻的，完全可以先从比较简单的比喻练起。比如，我三岁的儿子现在就经常会说出一些简单的比喻句，他会指着蒲公英说："爸爸，看，烟花。"

比喻分为高阶比喻和基础比喻，后者比前者更难，但是基础比喻是高阶比喻的必经之路，只要常常把不相关的事物进行联系，常常用脑、用笔练习，从基础到高阶也没有那么难。

第三句，"他是救了一个家庭，可是他的家庭却陷入了深渊"，这种金句是比较难写的，因为它需要我们保持独立思考，并且要有温度地换位思考。共情能力比较强的人，写这样的句子会相对容易，因为他更能站在不同的角度来思考一件事。

我年轻的时候，不具备这样的能力。随着年纪的增长、阅历的增加、三观的成熟，我才慢慢具备了这样的能力。这种能力，你拥有更好，不拥有也别过度苛责自己。能熟练掌握前面两种，也足以应对日常写作。

以上 3 种金句类型，代表着截然不同的 3 种写作方式：第一种，最易操作，因为是让我们在原句基础上进行二次加工，偏硬技巧；第二种，是对修辞手法的运用，虽然也有技巧的成分，但更多的是考验想象力；第三种，考验同理心，考验总结力，考验作者的态度和温度，算是这里面综合难度最高的一种。

无论哪一种，都离不开练笔。对于创作者来说，每个字都是手里的兵，它们是不堪一击还是骁勇善战，全看我们如何操练。

那些文笔很厉害的作家，在被我们认可和喜欢之前，练笔的文字少说有十几万字，多说甚至有上百万字。

所以，那些一句顶一万句的文字，真的是从他们写的一万句里精挑细选出来的。

3. 文字在读者心里的分量，有轻有重

在前面，我说过这么一句话："文字都是有力量的。"在这一节，咱们展开说说。

为什么我们上学时，写同一个标题的作文，在老师那里却有高低分之差？除了对于主题的理解深浅、扣题与否，还和我们字里行间的力量有关。

写作文是这样，写小红书文案也是如此。

很多新手博主总是搞不懂：为什么我和另一个博主写了差不多的选题，他的数据却比我的好几十倍甚至几百倍？这是因为，新手博主没有看到文字的力量。

同样是写"带娃焦虑"的选题,你的表达是"有了娃之后,我无时无刻不处在焦虑中,整个人都是很紧绷的状态"。别的博主却这样表达:**"我好像同时生了两个娃,一个是我的娃,另一个是焦虑,他们每天像双胞胎一样陪着我。"**

此时,别人的文字比你多的是"幽默的力量"。这份幽默会消解掉一部分宝妈的焦虑,而你的文字没有这个功能,你只是还原或加重了宝妈的焦虑。

在这种情况下,你的数据不如别的博主,输得不冤。

同样是写"职场困惑"的选题,你的表达是:"我不明白,为什么我在哪家公司都是踏踏实实干活的那一个,升职和涨薪的事却总也轮不到我。"别的博主却这样表达:"明白了'踏实做事'只是职场的基础技能,并不能直接决定涨薪、升职后,我开始研究如何'做人'。当我会做事也会做人之后,我的收入和职位终于一起升上来了。"

此时,别人的文字比你多的是"自省的力量"。职场里,最不缺的就是会做事的人,但这类人很难有大作为。老板更看重的永远是既能把事情做好,也能把团队协调好的人。

在这种情况下,你的数据不如别的博主,输得不冤。

同样是写"女性成长"的选题,你的表达是:"千万不要做那种唯唯诺诺、没主见的女生,因为那种女生无论是在职场里还是在生活里,都注定要被淘汰。"别的博主却这样表达:"我也曾经唯唯诺诺，我也曾经很没有自己的主见，当我意识到这种女生无论是在职场还是在生活里均是弱势群体后，我开始尝试改变。我改变的方式，有以下10种……"

此时，别人的文字比你多的是"共情＋鼓舞人心的力量＋具体的改变方法"。如果看你笔记的女孩子在职场和生活里本就唯唯诺诺、没有主见，她们又怎么会没有经历过被区别对待呢？这个时候，她们需要的不仅仅是二次提醒，而是怎么改变的具体建议。前者没给到，后者给到了，数据就更容易流向后者。

在这种情况下，你的数据不如别的博主，输得不冤。

同样是写"大学生成长"的选题，你的表达是："在当今社会，大学生是不断贬值的，你如果不是985、211，不是研究生，毕业即失业。"别的博主却这样表达："虽然如今就业竞争很激烈，但这不意味着，非985、非211、非研究生就找不到好的工作。如果你的学历不够强，在大学里更不能虚度光阴，要抓紧时间培养自己的'隐形学历'。我今天要讲的5种'隐形学历'，只要你具备了，在面试环节就有可能助你打败985、211的竞争对手。"

此时，别人的文字比你多的是"温度＋提升自己的具体建议＋鼓舞人心的力量"。做自媒体，是为了让你吸引读者，而不是让你把读者越推越远。你觉得自己文笔比较锋利，看事情比较透彻，发言比较大胆，落在大学生读者的眼里，却有可能是讨厌的、没用的、制造焦虑的。两者相比，肯定有更多的大学生会为后面的文案点赞。

在这种情况下，你的数据不如别的博主，输得不冤。

同样是写"独自在异乡打拼"的选题，你的表达是："我出来工作的每一年都是后悔的，如果当初听从了父母的安排，在家乡有了稳定的工作，或许现在已经结婚、有了孩子。可是，现在的我，既回不去，也留不下，就尴尬在30岁了。"别的博主却这样表达："我一点也不羡慕那些听从父母的安排，稳步进入工作和婚姻、进入父母角色的朋友。在我看来，他们就是'演员'，在千篇一律地扮演各种角色。我不想做那样的人，不想过那样的人生。我希望我的人生剧本由我自己书写，哪怕短暂拮据、短暂孤单，我认了。千篇一律的人生不缺我一个，但掌控自己人生的名额，我必须占一个。"

此时，别人的文字比你多的是"笃定的力量＋勇敢选择的力量＋选择了就不后悔的力量"。我们的人生不止"小县城"和"大城市"的选择，而是很多选择的叠加。如果你因为做了某种选择而过得不好，就想方设法地去把自己变好，让这种选择变得正确，而不是在否定它的同时，又去幻想如果做另一种选择会怎么样。这样一点意义都没有，还会消磨你的斗志，让你自我怀疑，干什么都提不起精神。而后者的文字，就有一种"孤勇者"的霸气，让你相信这样追光的他肯定能成为光。你从他的文字中受到鼓舞，就好像看到了另一个自己，便会产生点赞、关注的行为。

在这种情况下，你的数据不如别的博主，输得不冤。

第5章 金句打磨技巧：总结力决定传播力

以上我用5个例子来说明了，你以为的"和别人差不多"，其实差很多。

我们写小红书文案，尤其是观点型文案，归根结底是"能量转移"行为。

如果你是积极、向上、温暖、果敢、笃定、坚定的人，那么你的文字就会充满温度和张力。无论它们以什么风格呈现，文艺也好，幽默也好，理性也好，它们落在读者眼里、心里就是有分量的，就是能被人铭记的，就是能给人力量的。

如果你是消极、萎靡、焦虑、玻璃心、彷徨、迷茫、爱抱怨、尖酸刻薄的人，那么你的文字就是让人想远离的。无论写什么选题，落在读者眼里就是没有力量、想赶紧划过去的，根本不会有机会走进读者的心里。

创作者的文字力量，说白了，就是他本人的能量。

想要通过文字给人以正向的能量，就要先让自己具备这种能量。不具备就去吸取，就去通过各种技巧"借"，或者在写每一句话之前字斟句酌，不断问自己这3个问题：我的这句话究竟想写给谁看？他们看了之后会有什么感受？会是舒服的还是不舒服的？

写作和做自媒体都是这样，我们先"以热爱，敬现在"，才能"以热爱，竞未来"。

知道了自己和别的博主的具体差别在哪里，只要是对自媒体还足够热爱的人，就一定能找到让自己变好、变得具有竞争力的办法。现在有竞争力的作者，未来会一直有竞争力。

4. 拥有这些素质的人，自带金句体质

在小红书文案创作中，在朋友圈里，我都经常金句频出，次数多了，很多读者自然就会追问："老师，我怎么才能像您那样很轻易地写出金句呢？"

我总是这么回答他们："多阅读，多思考。"

当时我并没有意识到，这是一个很不负责的回答。虽然我确实是因为"多阅读，多思考"而变得思维活跃、金句频出的，但这种经验并不具备复制性，等于是一句正确的废话。

所以，在本书里，我特意加了这个章节，力争清楚明白地给大家讲清楚，我之所以自带"金句体质"，归根结底是因为我具备什么样的素质。

我对一切观点保持质疑

我在阅读的过程中虽然会被很多好句子折服，但是我绝对不会100%信服。

比如，某天我在朋友圈发了这样一句话："别抱怨'人生慌慌张张，不过为碎银几两'，当我们真正需要用钱的时候你就会

知道,恰恰是这碎银几两,可以让我们不必慌慌张张。"

前者,引号里的金句,虽然很好,但它是一种让情绪往下走的表达方式,你如果被它的观点牵着鼻子走,你就会觉得"活着真没意思"。后者恰恰相反,是一种让情绪向上走的表达方式,读完了你会充满力量和自我认同感,你会觉得:虽然现在的自己赚得不多,但是车贷、房贷我们能按时还上,不拖欠;妻子不会因为想买一些化妆品、衣服而心疼钱;孩子需要交学费、需要补课、需要付费发展兴趣爱好时,我们可以不让他们失望;父母生病住院时,我们能不被几千、几万元难住,我们可以很踏实地掏出那份医药费,对他们说"钱的事你们别担心,有我"。

虽然我的句子只是基于前者颠倒了一下语句顺序,但是前者消解了奋斗的意义,而我的表达则坚定了奋斗的意义。

这就是一个写作者"对观点保持质疑"的好处:哪怕读到再好的金句,你也能再次给它镀上独具个人特色的"金",这样就能免于在写作时总是引用别人的金句,而丧失了创作金句的能力。

我善于找到金句背后的逻辑支撑

博尔赫斯写过一个金句,我特别喜欢:"人死了,就像水消失在水中。"

这种表达,可以极大地消解人们对于死亡的恐惧。他的死亡观是全新的，在他的浪漫笔触下，死亡并不可怕，就是一个"从自然中来，再回归自然"的自然过程。

套用他的这种表达，我写过"我不想做走在人群中'就像水消失在水中'的那种人"。博尔赫斯原句讲的是死亡观，我这句话讲的是人生观，也不违和。

我还模仿他的句子写过"人死了，就像雪融化在春天里"。

所以，多读好句子的目的是锻炼我们的逻辑能力，开阔我们的三观。

如果我从来没有读到过这个句子，我对死亡的总结自然不会是这样，更不会写出这样惊艳自己、也惊艳别人的句子。

我善于"灵感、技巧"灵活切换

有人写作靠灵感，有人写作靠技巧，有人写作靠"灵感＋技巧"。

很多年前我是第一种，后来我是第二种，现在我是第三种。

如果纯靠灵感，写作便会经常遭遇瓶颈期，很难突破；如果纯靠技巧，写作便会成为索然无趣的事，像计算数学题一样，理性多，感性少，让人读起来味同嚼蜡；只有"灵感、技巧"灵活切换，我们才能高频率、高质量地输出让人很有共鸣的好文字。

灵感，可以是凭空而生的，不依靠任何外部信息刺激，也可以是被技巧催生出来的。

比如，我曾在刷抖音时看到一些关于"毒玩具"的新闻，我就想，有"毒玩具"就有"毒公司"，于是，这个选题就在外部信息刺激下再依靠技巧成型了：《"毒公司"的5种掉价行为，每一个都很下头》。

这里的"毒公司"和"毒玩具"没有任何关系，它指的都是让员工失望的具体表现。但是，很多人身处不靠谱的公司，再对应上"毒公司"的字眼，会瞬间对号入座，在阅读的过程中，会把那些掉价行为一一跟自己的公司对应，在心里做出"是去，还是留"的决定。

这种句子虽然还够不上金句的标准，但确实是好的选题，并且是单靠灵感产生不了的。

我喜欢写作时"万物互联"的感觉

我在写小红书博主看待爆文的心态时，写过一个这样的句子："再厉害的足球运动员也做不到1个射门就进1个球，平均5个射门能进1个球就算是高手中的高手了。所以，我们做小红书，也别对自己有过高的要求。他们5个射门进1个球算高手，如果你做10篇笔记能出1篇爆文，那么不用怀疑自己，你已经算是高手中的高手了。"

我写这段文字的时候，正在看足球比赛。解说员在介绍一位顶尖球员时，说他最近平均5个射门就会进1个球，赢球效率很高。我便把这段足球解说词转换成了做小红书时应该有什么心态的运营干货。从逻辑上来说，这完全说得过去。

像这样的句子，我的小红书笔记和朋友圈里还有很多。很多读者看到这样的比喻时喜欢留言："老师，我感觉你的思维很开阔，无论看到什么、听到什么，都可以和运营小红书建立联系。看了你的这些笔记，我感觉很治愈，不再焦虑，不再为难和怀疑自己了。在尊重事物发展规律的基础上去努力，肯定就会有好的结果。"

万物互联，就是跳出小红书看小红书。你会发现，很多事情的底层逻辑都是互通的，我们就可以从很多事情上去"借力"，让我们把小红书做得更好。

我喜欢改稿

我写完一篇笔记后，很少第一时间就发布，除非我看了几遍，实在挑不出它的毛病。

通常情况下，我都会放一段时间，在脑子里把它再写一遍。如果其中有些表达能够更好，我就会立刻修改。这个过程，让我始终保持着高速成长。

这个习惯，是我以前写小说的时候保持下来的。我的很多小说原稿都很一般，但是经过几轮修改后，它们成了编辑会放在杂志封面上用大字号推荐的作品。

我的很多小红书笔记，最终发布的版本和初稿也有天壤之别。这就好比一位歌手后来的成名曲，最初只是源于几句哼唱的旋律。

所以别惧怕改稿，改稿是和自己 PK 的过程。无论是原稿更好，还是改过之后的稿子更好，赢的人都只有一个，就是你自己。

一个创作者在背后的努力，读者永远看不到，但也正是这些不被看到的部分才特别考验一个作者的基本功，特别考验作者对写作的热爱。

锻炼基本功，常常是枯燥无趣、孤单甚至痛苦的，但纵使如此，足够热爱的人也不会被劝退，因为他们深知，没有这些经历必然写不出那些金句和爆文。

所谓"台上一分钟，台下十年功"，想要在台上发光，就要在台下发力。这是任何行业都亘古不变的道理，懂与不懂，会与不会，中间隔着实操的距离。

5. 金句对于作者的成全，比金子还重

如果让你说出几句你特别喜欢的歌词，你大概率能脱口而出。

它可能是罗大佑的"情到深处人孤独"，可能是黄伟文的

"未必风光更好，人气不过肥皂泡"，可能是林夕的"谁能凭爱意要富士山私有"，可能是方文山的"天青色等烟雨，而我在等你"，可能是梁博的"每一个未来，都有人在"，可能是毛不易的"一杯敬自由，一杯敬死亡"，可能是唐恬的"见与不见，都一生与你相拥"……

作词者的名气是靠一首首歌词、一个个金句叠加起来的；作家的名气是靠一本本书、一个个金句叠加起来的；自媒体人的名气是靠一篇篇笔记、一个个金句叠加起来的。

读者看到金句时，激动得不能自已。作者写出一个个金句时，也是这样，因为他们能清醒地意识到，这代表着自己高水平的表达，是能让读者记住自己的关键句。

普通作者，如何能写出这样的金句？我总结了"五度写作法"，它包含温度、力度、敏感度、精准度、专业度。

温　度

如果一个作者的文字有温度，那么他必然能听得到众生的声音。

只有这样，他才能给绝望者以希望，给迷茫者以建议，给彷徨者以坚定，给自卑者以自信，给脆弱者以坚强，给弱者以肯定。

举个例子，在网红郭××大火的那段时间，很多博主跟风去菏泽南站蹭流量，以各种形式直播。很多人斥责这种行为，在他们看来，这群人就是不务正业的代表，是典型的小丑。

这样的观点有人支持吗？有，而且还不少。

但是在我看来，这样的人就做不了好的作者，因为言论里缺少温度，也过于傲慢。针对这件事，我写过一段评论：不管别人怎么认为，我觉得自媒体时代就是最好的时代，因为它能让大家各凭本事，努力让自己发光，谁也挡不住谁的光。有学历的人可以把日子过好，没学历的人凭着"隐形学历"，也可以把日子过好。

我的这个评论，虽然也有人反对，但更多的是点赞。为什么？就是因为我说的这句话让普通人动容了，哪怕他们不是做自媒体的，也能从这句话中感受到温度。

擅长写作的人是生活里的智者，是掌管读者"心灵路灯"的人。你可以不为迷茫的、绝望的、彷徨的、自卑的、脆弱的人发声，但请不要扼杀他们的可能性。

力　度

如果文字有力度，以 10 分制来算的话，一般的作者可以达到 3~6 分，而对自己要求高的作者却总在追逐 7~10 分。为什么追逐有力度的文字？有什么用？

打个比方来说，读者看作者的文字，就像我们往井里投东西。如果你的文字（观点）重力不够，就容易浮在水面上而沉不到水底。这也就是为什么很多作者的文字，可以入读者的眼，但入不了读者的心。

对于经常阅读的读者来说，他们看的文字太多了，常规的不痛不痒的表达，根本无法引起他们的注意力。所以我们才要追求写作既要入眼，也要入心。

举个例子，如果你写一段劝孩子好好学习的文字，你这样表达："哪怕你再不愿意听，你也要知道：只有好好学习，才能出人头地。"你觉得孩子会听得进去吗？不会，因为听得太多，免疫了。同样的意思，如果换种方式表达呢？比如："孩子，爸妈就是因为当初没好好学习，现在做事才总看人脸色。我们不希望你将来复制爸妈的生活。我们是真的后悔了，让你好好学习是不希望你将来也后悔。我们一起努力，别让这种后悔毁了我们两代人，好吗?"你觉得孩子听得进去吗？可以的，因为从文字力度上来说，它能达到7~9分。

我们写文章必定是要花时间的，那就别怕再多花些时间，重点雕琢一下关键语句，让它们更有力度。很可能就因为改了几句话，这篇笔记的命运和你的命运也就此改变了。

敏感度

我虽然长得五大三粗，但我的性格却是偏细腻和敏感的。在我的很多笔记下都有这样的评论："老师，您是在我心里装了摄像头吗？您写的就是我的心理活动啊。"

我为什么能捕捉到很多人的心理？这是因为，我在阅读的过程中总有三个视角，即读者、作者、自媒体人；而大多数人只有"读者"这一个视角。他们看到好的内容只会觉得好，我却还要用作者的视角搞明白它为什么好，再用自媒体人的视角搞明白我能如何应用这种好。所以，阅读时的我就像草原上敏捷的豹子，总在捕捉猎物。

有一次，我刷到了一段关于董宇辉的视频。他说他做直播带货以后，有一段时间相当焦躁和郁闷，货卖不出去，房贷快断供了，产生了严重的自我怀疑情绪。但是这些负面情绪，在一个凌晨被1 400人治愈了。

那天他直播到了凌晨，声嘶力竭地介绍货品，大家却都不下单，但是也不离开。他索性停下来和大家聊天，问大家不买货，也不睡，这么晚都在干什么呢？

有的人刚加完班，开车回来时觉得累，停在路边歇一会儿；有的人刚给宝宝换完尿不湿，坐在沙发上发会呆；有的人工作不顺利，可能要失业了，焦虑得睡不着；有的人在发愁孩子的彩礼钱该怎么办。

董宇辉说，那一刻，他突然什么负面情绪都没有了：众生皆苦，都在自渡。

根据这件事，我写了一篇文章：《那一夜，1 400个粉丝拯救了董宇辉》。这个标题看似在讲董宇辉和粉丝之间的故事，但是结尾处话锋一转，便成了我们每个人的故事：人生漫长，总会有那么一个阶段，让我们觉得世界昏暗，没有月亮，也没有路灯，但是跟我们一样在黑夜中同行的人，何尝不是我们的月亮和路灯呢？

所以，你看，如果敏感度足够，任何素材都可以为我们所用，而且让人读起来很舒服。

精准度

我看综艺《我在岛屿读书》时，对其中的一个片段印象深刻：

嘉宾 A 问嘉宾 B，有人说写《三体》的刘慈欣文笔很粗糙，你怎么看？嘉宾 B 说，我不这么认为，我反而觉得他这样的文笔很适合《三体》。你想想啊，一部这么宏大的作品，如果文笔特别细腻，特别文艺，反而让作品小家子气了。有时候，粗糙也是一种力量。

"粗糙也是一种力量"，哪怕已经看完节目很久很久，每当我再提笔时，这句话也会在我的脑子里回响。

还有一句话也让我印象深刻。余华写《活着》的时候，写到有庆死了，福贵把他埋了之后，想回头看看那条小路。余华觉得前面已经很悲伤了，这里需要有一句平静但很有力量的话。他想了两三天终于想到了，于是写下了那句著名的"月光照在路上，像是撒满了盐"。

他解释，之所以把月光比喻成盐，是因为在我们中国人的语境中，盐和伤口有关。月光照在路上，洒在身上，有一种在伤口上撒盐的引申含义，而且盐是农民熟知的东西。

所以，总结下来，写作的精准度有3个标准：

（1）要和作者匹配。你是什么样的性格，就写什么样的文字。

（2）要和作品匹配。作品适合什么样的文笔，就用什么样的文笔。

（3）要和读者匹配。你写给谁看，要保证他们能看得懂。

如果不符合这3个标准，你就会写得很难受，而读者会看得更难受；符合这3个标准，你的文字就是精准的，而这种精准会让读者读得欲罢不能。

专业度

这里的专业度，可以是以上4种能力的综合，也可以是独立存在的。

如果是独立存在的，你就要用最精准、最简洁的文字让读者明白你的文字信息。

举个例子，假设你是专门讲"高效社交课"的老师，如果你这样表达："不要跟不懂你的人过多地解释自己，因为不仅解释不明白，还有可能惹一肚子气"，那么读者和学员则很难认可你的专业。但如果你这样表达："你要相信，人和人之间是存在'解释鸿沟'的，遇到不能理解我们的人，你别试图通过解释把这个鸿沟填平。它填不平，因为太深了，即使愚公把王屋和太行这两座山搬过来，也填不平"，这个时候，读者和学员则更有可能认可你的专业。

因为他们记住了"解释鸿沟"这个既新颖又专业的概念，也记住了你说的这个幽默的比喻。记住了这两点，还能记不住你吗？不可能的。

评判一个好作者（博主）的标准有很多，但如果你能做到以上五点中的三点或者更多，相信我，你就是那个"二八定律"里的 20%。

"五度写作法"能帮作者（博主）写出金句，而金句堪比护身符，对创作者的成全比金子更重。

6. 创造金句最快的方式：仿写和改写

对于写作经验比较丰富的作者来说，创造金句是手到擒来的事，因为他们的基本功比较扎实。就像那些踢球很厉害的球员，总能在关键时刻力挽狂澜，也是因为他们具备比其他球员更扎实、更强的基本功，能让他们在合适的时间，跑到合适的位置，用合适的射门方式，踢进关键的球。

写作新手想要快速写出高质量的金句，只有两个办法：仿写和改写。

下面我列举8个不同类型的金句，手把手教大家把别人的句子变成自己的句子。

(1) 你不是枯枝败叶，你是我的春天。

仿写：你不是可有可无的浪花，你是我的大海。

改写：我不管别人如何定义你、你如何定义自己，在我心里，你就是独一无二的美好，没有人可以代替的美好。

从结构上来说，这个仿写刚刚及格，因为大概意思是对的，但它的格式并没有和原句完美对应。原句是两个反义词的对应："枯枝败叶"代表"秋天"，也代表"小"；春天除了代表本意，还代表"大"。虽然"浪花"和"大海"也有"反义词"中"小"和"大"的对应效果，但只有这一层，从韵味上来说，不如原句耐读。我们最初开始模仿时，肯定会有一个从拙劣到超越的过程，所以即使没有100%对应，也没关系。

改写是在充分理解原句的基础上，用自己的语言进行表达，把它的意思还原，但是又不遵循它的原有格式。

(2) 我是木讷的树，你是自由的风。

仿写：我是奔波的人，你是家里的灯。

改写：我的喜怒哀乐来自你的喜怒哀乐，这便是我理解的用全部爱一个人。

从结构上来说，原句有两个对应，"木讷"对应"自由"，"树"对应"风"。木讷和自由是两种状态，树的情绪（是否摇动）都来自风。仿写的句子相对来说是及格的，"奔波"和"家里"也是一动一静的状态，人和灯有着情绪从属关系。

改写的句子，是用自己的表达方式，对"树"和"风"之间的关系进行了延伸解读。原句中，树是否摇晃全看风是否吹过来，暗指的是一个人对另一个人的状态影响。

（3）自给自足的光，永远不会暗。

仿写：自力更生的苦，迟早会变成甜。

改写：习惯自给自足的人，早已养成从困难中脱困的本领，而这一次次的脱困，也是他们给自己抛光的过程。身披霞光的人，又怎会允许自己暗淡度过一生？

从结构上来说，仿写的句子对于原句的模仿，只做到了前半句，后半句脱离了原有的格式。不过这不重要，重要的是，我们被它正向影响，也写出了还不错的句子。能够遵循原有的格式仿写出好的句子，固然更好；但如果写不出的话，也没必要跟格式死磕。

仿写的句子和原句相比，情绪浓度更厚，感染力比原句更强。

（4）能够孤独，是人生的一大乐趣。

仿写：能够焦虑，证明你对未来没有放弃。

改写：真正的成熟，是学会享受孤独。

从结构上来说，仿写的句子并没有完全遵从原句的格式，只是遵从了原句的思考方向。原句整体打破了世俗对孤独的定义，把它重新定义成了乐趣；仿写的句子是把焦虑和想拥有更好的未来画上了等号。

改写的句子是在原句的基础上进行重新定义。既然孤独是乐趣，那么我们就要学会享受孤独，而真正的成熟正是如此，习惯与孤独为伍，也享受与孤独为伍。

（5）你应该是自己的那座山。

仿写：你应该是自己的那条河。

改写：人生在世，能够阻挡我们的，只有我们自己。翻不过自己这座山，蹚不过自己这条河，更好的自己就只存在于想象里。翻过自己这座山，蹚过自己这条河，现在的自己和想象的那个更好的自己才能合二为一。

原句表达的意思很简单，大意是，你就是自己的依仗。仿写的句子做了寓意上的改变，是为了接后面那个我想到的改写的句子。

改写的句子把原句和仿写的句子合二为一，并用"在时间轴上游动"的方式看待可能一事无成的自己，或者功成名就的自己。把对比放在这里，让读者自己做决定。

(6) 对热爱的事,请不留余力。

仿写:对喜欢的人,请尽心尽力。

改写:我们的一生很短,遇到热爱的事、喜欢的人的概率很低。如果在这两件事上,我们都不能开出花,那么我们注定是要枯萎的。

从结构上来说,这个仿写的句子对于原句的模仿是到目前为止最工整的。能够做到这样最好,因为代表你对结构的剖析足够清楚,仿写也足够到位。

改写的句子同样是将原句和仿写的句子合二为一,让情绪传递更丰满,也更能打动人心。

(7) 当你快要坚持不住的时候,苦难也坚持不住了。

仿写:当你努力向前的时候,苦难也在狼狈后退。

改写:我对诸如"一帆风顺""万事如意"从未抱有一丝期望。我只希望在和苦难狭路相逢时,我能是它们觉得难缠的对手。

在原句的结构里,"我们"和"苦难"就像是两军对垒,当我们猛烈进攻时,它们离溃败就不远了。所以,理解到这一层意思,仿写也就水到渠成了。

这个改写的句子,既是改写,也是扩写:在扩写中多了一些侠气,不期待一帆风顺,但是又不轻易缴械投降。苦难要来便来;你兵来,我将挡;你水来,我土掩;你很强,但我也不弱。

（8）认真做无聊的事，这才是大人啊。

仿写：把普通的事做得不普通，这才是专业呀。

改写：人生，不必每件事都追求意义，有时候把时间花在无聊的事上，反而更有趣。

怎么样，看过对以上 8 个句子的仿写和改写，你觉得是有趣呢，还是觉得有趣呢？反正，写作将近 20 年，我是一直在做这件事的。

2005 年，我刚开始写作时，热衷于做这件事，因为那时候，我的文笔真的不行。

2024 年，我已经是个成熟的作者了，我依旧热衷于做这件事，因为我深刻意识到了，是这件事让我脱胎换骨的。

下一个 20 年，我可能还会热衷于做这件事。因为在写作这所大学里，永远没有毕业生。

第6章 账号类型剖析

策略力决定成长力

1. 个人成长型账号：重塑你的能量圈

什么是个人成长型账号？

想要弄明白这个概念，我们先要了解"个人成长"的定义。它指的是一个人在不同阶段中逐渐发现自我、认识自我、爱护自我、完善自我、实现自我、超越自我并对自我产生深刻认识与感悟的过程。这个过程并不是一蹴而就的，而是需要不断努力、不断探索、不断反思、不断改进从而让自己不断成长的过程。个人成长不仅包含知识层面的学习和提高，也包括心理健康、情感、人际关系等方面的提升。

基于这个解释，我们可以把"个人成长"的内容半径设定为：技巧学习、技能提升、习惯养成、社交法则、性格纠偏、认知提升、思维拓展等等。

小红书的读者群体集中在19~45岁，我们又可以把它具体分为"大学生"成长、"工作三年内的职场人"成长、"工作5~10年的职场人"成长、"全职宝妈"成长等等。

确立了这些前提后，接下来就只需根据自己的情况对号入座了。

如果你是"大学生"，那么有且只有两种情况：

（1）你是相对优秀的大学生。

（2）你是相对平庸的大学生。

优秀的大学生，脑子聪明、学习好，还懂得规划自己的人生。从个人特质上来说，他们做"大学生"成长型账号有先天的优势。

但是，平庸的大学生也有做"大学生"成长型账号的优势：只要把小红书账号做成自己"摆脱平庸的记录"，也同样可以从千万博主中杀出重围。而且，平庸大学生做同样定位的账号，还有一个优秀大学生不具备的优势：关注他们的粉丝没有压力，粉丝和博主不是仰视关系，而是平视关系。

原则上，两者做的内容都差不多，都是在"技巧学习、技能提升、习惯养成、社交法则、性格纠偏、认知提升、思维拓展"的范围内做文章，但是选题方向却大不一样。

如果针对"技巧学习"做选题，优秀大学生可以这样做：《一次性过英语四六级的秘密，一篇笔记给你讲清楚》；而平庸大学生可以这样做：《英语四六级挂科后，我做了这5点改变》。一个是教人一次性通过，一个是失败后的补救措施。

如果针对"习惯养成"做选题，优秀大学生可以这样做：《每年都拿奖学金的秘密，就藏在这5个习惯里》；而平庸大学生可以这样做：《这5个普通的改变，让我告别了普通》。

针对其他维度的内容做选题，道理也相同，这里就不一一列举了。

以上两种定位，很难说哪种更好。两者的受众不一样，都有足够多的粉丝群体，也都有很大的发展空间。

如果你是"工作3年内的职场人"，不要怕，虽然你没有丰富的工作经验，但也正因为你的经验有限，能做的选题才变得足够精准、足够集中。

如何高效面试，可以做；如何精准努力，可以做；如何与同事（领导）处好关系，可以做；如何规划职场未来，可以做；如何跳槽，可以做……

在做以上这些内容的时候，最好在封面统一加上一个标签"工作3年内的职场人"，这样就会给你的笔记设置一种强标签，让符合这个标签的人在看到后迅速对号入座。

比如：《工作3年内的职场人，跳槽几次才算合理?》《工作3年内的职场人，总结了20个职场注意事项》《工作3年内的职场人，这样为未来5年布局》。

这样做选题，是在输出你自己的职场经验，也是在释放自己的能量，扩大自己的能量圈。你总结得越全面、越深刻、越能说服与你类似的人向你靠拢。

他们对你从陌生到熟悉，从熟悉到喜欢，从喜欢到认可，只要跨过这几步——你的简历写得好，可以变现；你懂得在面试中变被动为主动的技巧，可以变现；你的PPT做得好，可以变现；你的某些赖以为生的技能得到了展示，可以变现。

打一份工的同时，可以再多一种收入结构，何乐而不为呢？

如果你是"工作5～10年的职场人"，对于职场的理解比"工作3年内的职场人"更深刻，那么对于很多选题，你也可以输出得更深刻，自然也可以给读者提供更多的帮助。

比如，同样是"面试"，你可以这样做选题：《我用3次/年的面试，来测试自己的价值》。我之前工作时就是这样做的，隔一段时间就会找一家公司去面试，薪水要求是比现在的工作高40%～60%。这样做的好处是：成了，果断跳槽；不成，也会知道自己的欠缺在哪里，为下次跳槽涨薪再努力。我就是用这样的方式，让薪水从8 000元涨到12 000元，再到18 000元、25 000元，最后到50 000元的。

再比如，如果是"规划职场未来"，你可以这样做选题：《我努力工作的意义，就是为了将来不工作》。我相信，很多人都有类似的想法：每个人都不想一辈子给别人打工，也希望有朝一日成为"超级个体"，实现财富自由、精神自由。这篇笔记，对于有这种想法的人就是一种激励。

总结一下，如果你是"工作3年内的职场人"，做博主的定位是教大家如何在职场中获得更好的发展，拥有更好的薪水待遇；如果你是"工作5～10年的职场人"，做博主的定位是如何利用职场让自己快速成长，开辟属于自己的战场。

· 第6章 账号类型剖析：策略力决定成长力 ·

它们是两种截然不同的能量输出，自然也代表了两种不同的能量圈。可能从定义上来说，将职场成长类账号分为这两类有些狭窄，但这样区分的差异化会更加明显。我也用这种运营观、写作观帮助 10～20 个朋友把职场定位的小红书账号做了起来。这就证明它是有效的，是可以被复制的方法论。

最后，我们聊一聊"全职宝妈成长"赛道。

这个赛道的内容相对较窄，主要集中在副业收入、心理调节、情绪管理、时间管理层面。

副业收入比较好理解，因为全职宝妈一般都在家，24 小时围着孩子转，她们怕被社会抛弃，所以很需要用副业收入来证明自己。她们能做的副业比较有限，比如写作、做自媒体、做电商团购。

所以，针对这 3 种能够直接创收的选题，会斩获这个赛道里的大多数流量，因此也更容易出爆款。

心理调节和情绪管理是第二类容易出爆款的选题。因为长期不社交，只跟孩子打交道，宝妈们真的会容易焦虑、暴躁、抑郁、自我否定、自我怀疑，所以这类选题可以围绕以上 5 个关键词去做，做好了，就好比取得了射箭中的 7～8 环的成绩。

时间管理类选题，不能只谈时间管理。如果结合副业收入来聊，就容易发挥出 1＋1＞2 的效果，比如《5 种时间管理方法，让我每月至少收入 10 000 元》。

"个人成长"型账号，能有多大的发展，重点在于"成长"这两个字。如果你能在一年内让粉丝见证你的爆裂式成长，那么你的收入也就是爆裂式的；如果你的成长是缓慢的、自我重复的、原地踏步的，那么"个人成长"型账号的定位也就名存实亡了。

所以，想要靠做这个定位的账号拿到大结果，最好有个清晰的有关未来 3~5 年的规划，每年即使不能 100% 达标，能实现 60%~80% 的目标，也会有很不错的未来。

2. 母婴育儿型账号：三观的对错碰撞

在教育孩子这件事上，没有绝对适用的万能公式（育儿观）可以套用到所有孩子的身上。

之所以这么说，是因为我的育儿观是：孩子的人生应该是自由的，可以性格各异、有不同的喜好，可以拥有自主选择权，优秀与否可以不仅仅依靠学习的好坏来定义，可以……

总之，"可以"的事情很多，"不可以"的事情很少，但不是说没有。

我策划的很多选题，都是基于这样的育儿观诞生的；账号后来之所以有不错的涨粉和变现，也是得益于这样的育儿观。

比如，针对性格，我们可以这样做选题：《别逼性格内向的孩子外向，你那是毁他》。

性格，在很大程度上是与生俱来的。不是外向的性格就一定好，也不是内向的性格就一定不好，它们没有优劣，都只是性格的一种而已。但现实中，很多人会因为自己性格内向而感到自卑。因此，我们需要找一些案例来论证性格内向的好处。

比如：性格内向的人可能心思更细腻，将来如果从事条理性强的工作，会比外向型的人更有优势；性格内向的人可能观察事物更仔细，更能快速摸到事物的本质；性格内向的人更适合从事创作型工作，如写作、绘画、音乐、设计等等；性格内向的人可能更容易感知幸福……

之所以做这样的选题，有两个主要原因。

其一，我小时候性格很内向，为此我妈没少说我。但是我并没有觉得这样的自己有什么不好，这才有了现在这个靠写作为生的我。我相信，很多成年人在小时候也有和我类似的经历，他们会不会也这样教育他们的孩子呢？所以，这个选题值得做，它会是一个共鸣感很强的选题：做给像我一样的大人，也做给我们的下一代。

其二，这种选题具有极强的辨识度，可以让你的账号迅速脱颖而出。一个账号在起号期发的文章尤其重要，因为这是博主给自己的账号贴标签的过程，它们可以决定你的人气是不是能迅速旺起来。

"性格内向"的选题，只是我们做账号时撕开的一个口子。通过这个口子，我们可以厘清一个账号的内容体系应该怎样搭建。

什么是内容体系？说白了，就是精准分类。比如，一个汽车博主可以做两套内容体系。其一，按照汽车的国家归属去搭建内容体系，比如日系车、韩系车、美系车、德系车、国产车，从每个系列中选择10～20辆车去解说，就可以有至少50～100个选题，完全可以支撑到账号做到一定的规模；其二，他可以淡化汽车的国家归属，只按照车辆的价格区间去搭建内容体系，5万～10万元，10万～20万元，20万～30万元，30万～50万元，50万～100万元，从每个价位中选择10～20辆车去解说，也可以得到至少50～100个选题，也足够支撑他把账号做到一定的粉丝量级。

再回过头来说我们的母婴育儿型账号，也可以做这样的内容划分。

母婴账号可以是这样的：1～3岁宝宝的衣服（帽子、鞋子、袜子、尿不湿）该如何选择？1～3岁宝宝的辅食（奶粉、果泥、肉蛋）喂养应该注意什么？1～3岁宝宝的枕头（睡袋、被毯、婴儿床）应该如何选择？1～3岁宝宝出行（婴儿车、儿童安全座椅）应该注意什么？

第 6 章 账号类型剖析：策略力决定成长力

这么梳理，聪明的小伙伴已经看出逻辑了。没错，就是按照衣食住行来搭建内容体系。一共 4 个内容维度，每一个维度选择 10~20 个选题，这就是 40~80 个选题，足够支撑我们把账号做到 5 000~10 000 粉丝。

做这类选题时，需要特别注意"三观的对错碰撞"，如果没有这个效果，选题的数据就会大打折扣。比如，针对"1~3 岁宝宝的衣服"类选题，可以做这样一篇笔记——《给宝宝穿亲戚家小孩的衣服，真不是因为我们穷》，然后输出你的观点：小龄宝宝的皮肤比较娇嫩，新衣服是否含有对皮肤有刺激性的成分，买多贵的都不敢保证；穿过的衣服因为经过数次水洗，不必再担心有刺激，触感更柔软，宝宝穿着也更舒服。

这样的选题，在一部分宝妈看来简直匪夷所思，尤其是家里经济条件比较好的，她们的心理活动是这样的："我家宝宝是新生宝宝，是心肝宝贝，凭什么捡别人穿剩下的衣服？"

但这么做选题就会有三观上的冲击，更容易博人眼球、自带数据，其他维度的内容也是同样的道理。

相对于母婴账号，育儿账号"三观的对错碰撞"型选题更好做一些，因为新生儿太小，还不太存在教育理念上的对错，更多的是父母之间或父母与老一辈之间的观念冲突。

但 6~12 岁的孩子可就不一样了，他们和他们的父母有太多需要被引导的地方，比如金钱观、社交法则、学习监督、时间管理、习惯养成、性格纠偏、行为改变等等。

在前文，我们已经通过内向性格的选题撕开了账号的一个口子，顺着这个口子，我们应该如何搭建内容体系呢？我们顺着内向性格的选题继续拆解：既然内向和外向的选题可以做，那么自信和自卑的可以做吗？可以；大大方方和唯唯诺诺的可以做吗？可以；性格沉静和"易燃易爆炸"的可以做吗？可以；玻璃心的和抗挫能力强的可以做吗？也可以。

单就性格，我们就可以拆解出好多选题，金钱观、社交法则、学习监督、时间管理、习惯养成、性格纠偏、行为改变等，也是同样的道理。

这样经过拆解，我们便可以得到35～70个选题，足够支撑我们把账号做到5 000～10 000粉丝。

母婴和育儿账号，都建立在孩子和父母的关系之上，看似是在讲如何教育好孩子，其实都隐藏着一条不容易被博主们察觉的线：育儿即育己。

用大白话讲就是，要想教育好孩子，父母先要把自己教育好。否则，你是50分的父母，却要求孩子成为90分的孩子，不现实。你痛苦，孩子也痛苦。

关于育儿，有一句著名的话我十分认同："父母是原件，孩子是复印件。原件不对，复印件不管复印多少次都是错的。"

所以，我认为好的母婴和育儿账号应该这样：通过内容带动父母自律、自省、自修、自知、自愈、自信、自洽，再由这样的父母带着他们的孩子变得更好；而不是父母什么都不做，只是照搬着方法去对孩子进行改造。

3. 个人生活分享型账号：装扮生活观

你拍完照后会修图吗？以前我不会，但现在我受妻子的影响，也会在拍完照后调调照片的亮度、色彩饱和度或者二次构图，然后再发朋友圈或小红书。

这个小小的改变，就是装扮生活观的一种。

那些能把"个人生活分享"型账号做好的博主，大部分都经历过"装扮生活"的过程。

在做这类账号之前，他们的屋子可能总是乱糟糟的。在做这类账号之后，每次拍视频前都要把屋子收拾得利利索索、干干净净，好像那是他们的生活常态，但其实只是为了上镜更加美观，不得不把自己"装扮"成一个爱收拾的人。因为脏乱差的环境和干净整洁的环境相比，后者更容易给人好感，更容易有好的笔记数据，也更容易产生变现。

在做这类账号之前，可能他们压根不下厨，一日三餐都是吃外卖解决。在做了这类账号之后，他们会把自己"装扮"成经常下厨的样子，上班没办法中午回家吃饭，就认真对待早晚餐，给人一种很热爱生活、拥抱烟火气的感觉。

在做这类账号之前，跑步和瑜伽可能压根不在他们的日常规划里，但是为了呈现爱运动的人设，他们会在早晚跑跑步，做做瑜伽，哪怕只是在镜头里动那么几下，反正运动场景有了，承接广告的广告位就有了。

在做这类账号之前，他们可能有书桌，但书桌里不一定有书。为了呈现爱读书的人设，他们买了很多书，一开始只为将它们作为拍摄时的道具。但读书习惯的养成，可能是从偶尔翻几页开始的。

在做这类账号之前，他们窗台上空空如也。为了呈现爱生活的人设，他们特意买了一些花，每天拍拍自己侍弄花的镜头，作为剪辑备用素材。

说到这里，可能有的人会在心里嘀咕："这不是骗人吗？"

我们看魔术的时候，知道那是障眼法吗？知道，可是我们依旧会看得入迷，因为那是魔术师给我们营造的奇幻梦境。

我们漂泊在外，和父母通电话时，总是习惯性报喜不报忧，让他们觉得我们在外面过得很好。这是一种欺骗吗？也许是，可是扮演不让父母操心的子女，就是我们身为子女的一部分责任。

我们看电影、电视剧，明明知道里面的很多情节是假的，可是我们依旧会跟着笑、跟着哭。负责逗笑和惹哭我们是演员的专业技能,他们把角色扮演得越好,我们看得越投入。

人生如戏,戏如人生,真亦假时假亦真。所以又何必纠结于自媒体博主呈现的内容是真实的还是扮演的呢?只要我们看到他们的笔记时,是真的被治愈了,是真的被惊醒了,是真的被安慰了,是真的被温暖了,就足矣。

他们的内容可能是假的,但是我们的感受却是真实的,这就够了。

写作的世界里有一句话:"写作源于生活,但高于生活。"

做个人生活分享型博主也是这样,笔记的内容素材虽然来源于生活,也要高于生活。如果分享的个人生活,只是对真实生活的照搬,那么我们看博主的内容干什么,我们环顾一下自己的四周不就好了吗?但是这样做,显然无法起到装扮生活后使读者或被治愈、或被惊醒、或被安慰、或被温暖的效果。

所以,真的没必要给"装扮"贴上贬义和虚假的标签。

这就像我想成为面试不紧张的人,必须先把自己"装扮"成一个看上去不紧张的人,"装扮"成习惯后,紧张自然就消除了。我刚去北京找工作时,不夸张地说,面试时说话都是抖的,整个人紧张得不行。我只能在一次次面试中不断告诫自己:"要假装不紧张,没什么可紧张的。"一开始是面试官带节奏,我真的不紧张了之后,便成了我带节奏。

这就像我想成为靠写作为生的人,必须先把自己"装扮"

成有写作天赋的样子。最初,我到处泡论坛、文学网站(真是暴露年纪的名词),发表那些稚嫩但自认为还不错的文字,寻找认同感。写得多了,我便厚着脸皮去给杂志、报纸投稿,被拒稿了就继续投,再拒稿再继续……这才有了一次又一次的发表经历。

这就像我裸辞做自媒体时告诉自己:无论最初的数据再怎么不好,你都不要有数据焦虑,因为数据从不好到好是每个博主必经的过程。但是数据不好时我依然会焦虑,能怎么办呢?我只能把自己"装扮"成一个对数据不焦虑的人,一篇接一篇地死磕,直到死磕出爆款,数据焦虑对我的影响自然也就不存在了。

如果"装扮"对我们来说是一个短期行为,是一个和利益无关的行为,或者是对别人有伤害的行为,并不能改变我们和读者的生活观,让我们共同变好,那确实没什么意思。但如果我们的"装扮"成为习惯,从不爱运动变得爱运动,从不爱读书变得爱读书,从不喜欢收拾屋子变得更喜欢井井有条的生活,从不爱做饭变得吃不惯外卖,那么这个成长过程对于我们和读者来说,就都是有意义的。

我听说过一句话,放在这里作为结尾正合适:"如果一个坏人能长期'扮演'一个好人,直至生命终结都没有释放过他的坏,那他就是一个好人。"

同理,做小红书就是一个长期的行为。如果你能长期"装扮"成享受生活、热爱生活的人，那么你早晚会成为这样的人。

而这份收获，和做个人生活分享型博主获得的收入相比，同样让人欣喜。

4. 知识付费型账号：你的价值即价格

很多人对知识付费存在很大的误解，他们总觉得知识付费只限于教人写作、教人做自媒体、教人在职场中成长、教人解决情感困惑。

这些属于知识付费的其中几类，但不是全部。知识付费涵盖的领域可以很广。

比如，你是摄影博主，可以通过教别人拍照变现。

比如，你是做卤菜的博主，除了自己通过私域流量卖货，也可以通过教别人做卤菜变现。做卤肉、板面、馒头的，也可以这样操作。

比如，你是职场干货博主，可以通过帮别人修改简历或者指导别人精准跳槽变现。

比如，你是室内设计师博主，可以自己写一份装修避坑指南，定价99～199元，然后通过笔记引流，挂购物车卖这份指南，卖出几千份、几万份都有可能。

像这样的"比如",我还可以列出很多。它们合在一起,重新定义了"知识"的概念:别人不拥有但需要知道的信息、方法、技巧,都可以被称为知识。

做摄影博主,随着你分享的内容的增多以及数据的变好,很多喜欢你的内容的粉丝会要求你开课,因为喜欢你的作品,便会信任你的技术。

你可以先把课程的价格定得低一些。刚开始时,可能只有几个人报课,但是没关系,当有学员开始出成绩,并随着你在小红书笔记中分享这些喜悦时,就会迎来第二波报课的学员,这个时候可能就变成几十个了。然后,你的课程价格就可以慢慢提升了。

同时,你一定要做好选题规划,让流量稳中有升,尽量让自己的账号在一年内从几千粉丝涨到几万粉丝,报课的人肯定也会随时翻倍,你的课程价格也会翻倍。

对于其他领域的知识付费型账号,也可以遵循这样的操作流程:人数从少到多,课程从便宜到贵。

这是打造知识付费型账号的必经之路。课程价格跟能力有关系,也跟流量有关系。如果流量不大,即使你的能力再强,也很难把价格定高;如果流量很大,无论价格定得多高,都会有人买单。

因为知识付费的底层逻辑就是两个字:筛选。筛选认可你的价值的人，筛选接受你的价格的人，筛选愿意把你的价值和价格画等号的人。

知识付费型账号有以下5个注意事项，需要我们谨记。

课程最好分三类

一类是低价的引流课，一类是基础课，还有一类是高阶课。

如果精力有保证，引流课最好固定为一个月一期，定价9.9~29.9元。其目的不是赚钱，而是尽自己最大能力，把有付费意愿并且对你的项目感兴趣的人吸引过来。记住，千万不要做免费的课，因为从喜欢薅羊毛的人里面筛选人太费劲了。

引流课的内容千万别敷衍，因为其课程质量会影响到学员对基础课和高阶课的转化，因此内容要尽量翔实，但切记不要大而全地讲，可以针对一个小点讲透，这样才能让学员为你扎实的专业知识进一步买单。

基础课和高阶课可以设定为2个月一期或3个月一期，尤其是当最初的流量不是很大时。

基础课是照顾从0分到1分的人，高阶课是照顾从1分到4分的人（5分制）。

课程最好每半年更新一次

做课的人和买课的人之间的关系是很神奇的：认可的人会

反复购买你的课。所以我的建议是,无论做什么课,最好至少每半年更新一次。

这样,你自己有新的成长,被你带过的学员还能跟着你实现二次、三次成长。

我知道的很多做知识付费课程的人,都是一套课用1~2年。这样的话,流量转化的效率是很低的,这也证明他的成长力是很弱的。尤其是被学员看到,课程上标记的是很久以前的日期,你猜他们会怎么想?

一定要考核学员的素质(人品)

只要你开始做知识付费课程,你就会无比深刻地领悟到这句话的威力:林子大了,什么鸟都有。

做一门课就是做一个能量场,如果有能量低的人进来,整个能量场都会被他破坏。比如,玻璃心的、急于求成的、到处聊骚的、在背后使坏的、忘恩负义的、盗课的……

在别人进行课程咨询时,你可以有意识地设置一些问题来测试他们的基础素质(做不到完全筛选,只能相对筛选):达标的再接收;不达标的,无论他的付费意愿有多强烈也不能收,因为收了之后,有你的罪受。

如果初步筛选时没发现,把学员收进来后才发现怎么办?只有一种办法:劝退并且全额退费。哪怕吃点亏,也不能让他们继续影响我们的情绪和课程社群的环境。

要正确看待"学员退费"这件事

很多人做知识付费课程时,把退费的事情看得很重,有一个人退费了就会止不住地想"是我哪里做得不好吗?",从而不可避免地陷入自我怀疑和情绪内耗。

这样的事情经历多了,他们才会明白:退费,其实就是概率事件,就好像我们网购的物品不一定每件都会留下一样。回到知识付费课程这件事,有可能对方退费真的只是因为觉得你的专业水平不符合他的标准,也有可能是因为他和你的写作观、运营观不匹配,还有可能是因为他受不了你的课程里的高压,甚至有可能是因为他对你讲的很多东西理解起来比较困难。

无论出于哪种原因,人家要求退就退。你只要尽你所能地做好你该做的,就足够了。

相信你的人,不会只为你付费一次。有从你这里退费去别人那里的,也有从别人那里退费来你这里的。这么想,你还会再纠结这件事情吗?

谨慎与人合作!谨慎与人合作!谨慎与人合作!

无论合作之初你们的关系多么好,规划的未来愿景多么宏大,只要一涉及利益,对方的心里便充满了小九九,尤其是当利益的雪球越滚越大时。

哪怕你是在利益上绝对不会亏待别人的人，但出于人性，对方也有可能会觉得自己付出的多，但拿的少，因此与你"分家"、另起炉灶。

所以，无论你想做什么领域的知识付费课程，建议都谨慎找人合作。在这件事上，1＋1很难等于2或者大于2，甚至还会把你这个1消耗得只剩0.8、0.5、0.3。

不要用利益去检验人性，即便是朋友，更别说是陌生人。

最后，我想说，做知识付费型账号，起号相对简单（有可能从几十个粉丝就开始变现了），做课也没有那么难。

难的是，你要让自己保持高速成长，不是比学员强一点的那种成长，而是要时刻保持遥遥领先的那种成长，然后，借由一篇又一篇笔记，把自己的成长和价值释放出去，你便有了吸引几千人、几万人的能力。

这个能力的强弱，直接决定你的变现力。

5. 带货型账号：只需要两种情绪驱动

带货型账号和直播型账号的目的虽然都是带货，但在形式上有所不同：前者是通过笔记带货，后者是通过直播带货。

第6章 账号类型剖析：策略力决定成长力

两者相比，带货型账号只考验两样东西：文案力和运营力；而直播型账号考验的东西不下十种，比如选品能力、文案能力、运营能力、语言表达能力、随机反应能力、与品牌方议价的能力、渠道能力、团队管理能力、活动策划能力、时间管理能力、危机公关能力、与媒体打交道的能力等等。

所以，很多想分直播带货一杯羹但综合能力还不达标的博主便退而求其次，选择做带货型账号。

带货型账号与直播型账号在变现形式上也各有优劣势：

直播型账号的成交更直接。你如果有一套相对成熟的成交话术，也善于策划活动，并且有很好的货源渠道，就可以很快拿到大结果，这是它的优势。它的劣势是，你想要成交就必须经常直播，因为如果你长时间不直播，流量就会被对手抢过去。

带货型账号能否成交，取决于你的文案有没有购买驱动力。如果有，刷到的用户就会购买，不管是不是你的粉丝；如果没有，那么你的笔记对于他们来说就是无效信息，这也是它的劣势。它的优势是，一篇转化型文案的长尾流量很长。如果文案真的写得好，这篇笔记的流量可能维持一个月甚至更久，甚至有可能每天、每个小时都有成交。

想要写出具有长尾流量的好文案，需要做到以下两种情绪驱动。

"想要变好"的情绪驱动

这里的"想要变好"可以从多个方面来理解。

如果你带的货是化妆品,"皮肤从黑变白"是变好,"皮肤从粗糙变紧致"是变好,"脸从有斑斑点点到干干净净"也是变好;如果你带的货是洗发水,"头发从干枯变得有光泽"是变好,"头发颜色从白变黑"是变好,"头发从稀疏变得浓密"也是变好;如果你带的货是牙膏,"牙齿从黄变白"是变好,"牙齿从容易发炎变得健康"也是变好。

只要我们继续寻找,光是针对头部护理这一项就可以想出很多"想要变好"的选题,给很多产品带货。

让身材变好的产品,可不可以?可以。让衣品变好的服装,可不可以?可以。让睡眠质量变好的产品,可不可以?可以。让心情变好的产品,可不可以?可以。让状态变好的产品,可不可以?可以。让情侣(夫妻)关系变好的产品,可不可以?可以。让亲子关系变好的产品,可不可以?可以。孝敬父母长辈的产品,可不可以?可以……

这个"变好"的涵盖范围可以无限拓展,而我们只需选择其中的一项或者几项,有针对性地做选题,就可以有不错的收入。

让身材变好的,可以是各种运动器材(如跳绳、瑜伽垫、跑步机等）；让衣品变好的，可以是各种优质百搭的衣服；让睡眠质量变好的，可以是各种效果保障类药物，也可以是睡眠监测 App；让心情和状态变好的，可以是旅游产品，也可以是演唱会门票；让情侣（夫妻）关系变好的，可以是各种化妆品、手表、电子产品；让亲子关系变好的，可以是露营用的帐篷、孩子喜欢的各种玩具，以及各种很贵、平时舍不得买的乐器；孝敬父母长辈的，可以是按摩椅、颈椎按摩仪、扫地机器人、护肤品……

变好，可以是自己的某个方面从不好到好的过程，也可以是一段关系从不好到好的过程，更可以是从好到更好的过程。这个过程中可以有很多产品支撑，我们日常生活中用到的东西，几乎可以涵盖 80%。

所以，只要抓住这条金线，无论什么定位的带货账号，都不愁选题和成交。

"想要变富"的情绪驱动

曾经，我想写一部名为"小红书封神榜"的系列人物稿，因此，有机会和一个 17 岁的博主深聊过。当时，她已经是一个有 17 万粉丝的小红书博主，每月可以稳定收入 5 万～10 万元，还在上高中的她，就实现了财富自由。但这样的她，还是选择付费跟别人学习。

我问她："你都收入这么高了，怎么还会去跟别人学习呢？"

她说:"老师,谁会嫌钱越赚越多呀?我马上就要上大学了,对于如何做好'大学生成长'的内容没有想法,需要别人的帮助。我觉得吧,能花钱解决的事情,就尽量别浪费时间。"

讲这个故事是想告诉大家,想要变富的心理状态不止是赚得少的人有,赚得多的人同样有。

月收入 5 000 元以内的想实现月入过万,月入 1 万~3 万元的想挑战月入 3 万~5 万元,月入 5 万~10 万元的好奇月入 10 万~20 万元是什么感觉……就像这个女孩说的,没有人会嫌钱越赚越多。

所以,这才有了很多教人赚钱的账号的生存空间。其中,教人写作、做自媒体、做电商团购的课占了 90% 以上的比例,这是因为这 3 个赛道现在确实发展得很不错。

这类博主只需要做一种类型的笔记——晒收入+能力展示,就可以让咨询的人络绎不绝。

如果你是真的靠自己的实力把小红书账号做到了几万粉丝,那么你每月接了多少个广告、广告都是什么类型的,大家都能看得到。根据这个粉丝量级,按照 10%~15% 的广告报价倒推,他们就可以合理推算出你每月通过接广告获得的收入。

假如你的月收入是 5 万元,那么,基于这个收入,无论你是做《小红书让我月入过万》《小红书让我月入 3 万元》的选题,还是做《小红书让我月入 5 万元》的选题,后面再跟着你的各种写作、运营干货内容,逻辑都是成立的。不同的收入设定,可以吸引处于不同粉丝量级的小红书博主。

做知识付费课和带货也并不矛盾。你可以在通过带货赚到钱后,把你的经验总结下来做成课,让别人复制你的经验。

当然,近些年做知识付费课程的人良莠不齐:有些人的初衷就是"割韭菜";但有些人却是想把自己的经验传递给学员,让他们多赚些钱,自己也多赚些钱。

但由于各种原因,总有要求退费和被差评的情况产生。这些不可避免,尤其是当你服务的人变多了以后,这个概率只增不减。

所以,要放平心态正确看待这件事情。没必要事事苛求,不要强求自己做到 0 退费、0 差评。

别跟自己较劲,也别难为自己。只要你的初心是正的,和学员的关系随缘就好。认可你的人会一直追随你;不认可你的人,离开了也罢。

以上是关于 5 种账号类型的分析。你们发现了吗,无论走上哪个赛道,能从 0 到 1,然后从 1 到 100、1 000、10 000 快速成长起来的博主都是用策略做事的高手。相信你看了这一章的内容后,对于各种类型的账号应该如何定位、如何梳理选题、如何写文案、如何变现,也有了清晰、具象化的认知。希望这些策略能帮你少走一些弯路。

写到这里，这本书也进入了尾声。

在裸辞创业做自媒体的这 5 年里，我关注了很多小红书博主，有各种定位、各种变现形式的。我亲眼见证着他们从"小白"一步一步做到小 V，再做到大 V，没有一个容易的。我自己也是。

我们一路跌跌撞撞，佯装坚强，终于闯出了属于各自的海阔天空。我希望看过这本书的你们，不必跌跌撞撞，就可以很顺利地把自己捧红，然后，也拥有属于自己的那份海阔天空！